Verlag für Systemische Forschung

im Carl-Auer Verlag

Florian Rockel

Schule neu denken und organisieren

Organisation evolutionärer Haltung und Lernprozesse

2024

Der Verlag für Systemische Forschung im Internet:
www.systemische-forschung.de

Carl-Auer im Internet: www.carl-auer.de
Bitte fordern Sie unser Gesamtverzeichnis an:

Carl-Auer Verlag
Vangerowstr. 14
69115 Heidelberg

Reihengestaltung nach Entwürfen von Uwe Göbel
Printed in Germany 2024

Erste Auflage, 2024
ISBN 978-3-8497-9072-1 (Printausgabe)
ISBN 978-3-8497-9073-8 (ePub)
DOI: 10.55301/9783849790721

Bibliografische Information der Deutschen Nationalbibliothek:
Die Deutsche Nationalbibliothek verzeichnet diese Publikation in
der Deutschen Nationalbibliografie; detaillierte bibliografische
Daten sind im Internet über http://dnb.ddb.de abrufbar.

Diese Publikation beruht auf der Masterthesis „Organisation evolutionärer Haltung und Lernprozesse. Schule neu denken und organisieren“ zur Erlangung des akademischen Grades Master of Science am Department für Gesundheitswissenschaften, Medizin und Forschung der Donau-Universität Krems, 2022.

Die Verantwortung für Inhalt und Orthografie liegt beim Autor.

Inhalt

1 Einleitung

> *"Wir wissen viel über das menschliche Lernen, dass es überfällig ist, all dies auch in unseren Schulen anzuwenden. Vermutlich würde man die Erkenntnisse der Hirnforschung an den Anfang stellen, einschließlich jener der Kognitions- und Entwicklungspsychologie. Und nachdem wir alles berücksichtigt haben, unser Wissen über Entwicklungsphasen des Gehirns, über die Konzentrationsfähigkeit von Kindern, über das Zusammenspiel von Lernen und Bewegen, über die Bedeutung der Spielregeln der Selbstwahrnehmung und Selbstwirksamkeit und über intrinsische und extrinsische Motivation, würden wir uns an die pädagogische Umsetzung machen und die Didaktik genau darauf abstimmen."* (Precht, 2015, S. 215)

Im Zeitalter des technologischen Wandels, in dem disruptive Technologien und Akteure einst etablierte Unternehmen mehr und mehr vom Markt verdrängen, müssen Organisationen, um konkurrenzfähig zu bleiben, die Fähigkeit erlangen radikal zu innovieren und schnell zu skalieren (vgl. Aulet, 2019, S. 9). In der aktuellen Diskussion um die Frage, wie Organisationen strukturell aufgebaut sein müssen, um den Anforderungen von Exploitation und Exploration gerecht zu werden, spielen Begriffe wie Agilität, Selbstorganisation, Kollaboration, Interdisziplinarität, Autonomie, Eigenverantwortung und Kreativität eine wichtige Rolle. Autonomie ist der Schlüssel zu Eigenverantwortung, Motivation und Kreativität, somit eine wichtige Voraussetzung für Innovation (vgl. Klasing, 2019, S. 23). „Diese Werte zu vermitteln, ist vor allem Aufgabe des Bildungssystems. Wenn wir damit warten, bis die Menschen auf den Arbeitsmarkt kommen, ist es schon zu spät." (Klasing, 2019, S. 65)

Die Fähigkeit radikal innovativ denken zu können erscheint im Kontext der gegenwärtigen Probleme der Welt nicht nur für die Wirtschaft von großer Bedeutung, sondern auch für die Wissenschaft und das gesellschaftliche Zusammenleben an sich. Themen wie Globalisierung, Digitalisierung, alternde Gesellschaften im globalen Norden, Bevölkerungswachstum im globalen Süden und den Auswirkungen des Klimawandels auf Mensch und Natur verlangen ebenfalls nach radikalen Innovationen, zeigen doch bestehende Denk- und Lösungsansätze kaum Wirkung. Das steigende Aufkommen von KI gesteuerten

Maschinen verdrängt durch ihre qualitative und quantitative Überlegenheit den Menschen aus nicht kreativen Tätigkeitsfeldern. Die Anforderungen an die Gesellschaft werden in 20 Jahren komplett anders sein als jetzt. Das System Schule sollte für diese Anforderung als Kompass dienen, Bildung sollte auf diese Anforderungen vorbereiten (vgl. Precht, 2015, S. 18–20). Um Innovationen oder Neuerungen entdecken und (auch gesellschaftlich) annehmen zu können, braucht es eine offene Haltung, welche Veränderungen, also auch das Brechen von Regeln, dass Verlassen von bestehenden, sicheren Pfaden und Wahrheiten, als etwas Positives betrachtet und nicht als eine Gefahr ansieht. Diese Haltung beginnt beim Subjekt und macht eine Veränderung in der Gesellschaft überhaupt erst möglich. Doch der Rohstoff für solche Persönlichkeiten wird, laut der Reformpädagogin Ellen Key, in den Schulen durch die direktive, defizitorientierte und gleichgeschaltete Lernkultur erstickt (vgl. Hüther, 2016, S. 156). Das Bildungssystem und die Schule als wichtigste und prägendste öffentliche Sozialisationsinstanz für Heranwachsende nimmt für die Entwicklung von Haltung eine zentrale Rolle ein (vgl. Christina Schwer, 2014, S. 50). Im Idealfall ist sie der Ort, an dem, neben den fachlichen Inhalten, Werte wie Eigenverantwortung, Selbstorganisation und Kreativität sowie eine offene Haltung wachsen und gedeihen können. In den meisten Schulen und im öffentlichen Bildungssystem kann aber kaum die Rede davon sein, dass sich dieser Aufgabe adäquat gestellt wird (vgl. Precht, 2015, S. 216). Noch immer bestimmen vorgegebene Lehrpläne die inhaltlichen und zeitlichen Strukturen des Schulalltags. Auf diese Art prägt das (soziale) System Schule auch potenzielle Lehramtsstudent*innen schon vor ihrer universitären Ausbildung und macht diese einer kritischen Haltung dem Konstrukt Schule gegenüber immun (vgl. Christina Schwer, 2014, S. 51). Dieses Standardmodell der Schule ist den Anforderungen des 21. Jahrhunderts nicht gewachsen (vgl. Precht, 2015, S. 19), da es die Veränderungsresistenz und Immunität gegenüber kritischen und neuen Denkansätzen aus sich selbst und seiner eigenen Logik erzeugt (vgl. Christina Schwer, 2014, S. 51).

Die Frage für diese Arbeit lautet: Wie muss eine professionelle Haltung im Kontext der (Lern-)Begleitung von Studierenden[1] beschaffen sein, um den Anforderungen und wissenschaftlichen Erkenntnissen des 21. Jahrhunderts gerecht zu werden? Daraus ergeben sich folgende Unterfragen: Lassen sich die von der Wirtschaft geforderten Kompetenzen und Fähigkeiten wie Kreativität, Eigenverantwortung und das *Denken außerhalb der Box* gezielt vermitteln bzw. welche Rahmenbedingungen sind dafür notwendig? Wie kann eine evolutionäre professionelle Haltung qualitätssichernd organisiert werden? Welche Elemente sind hilfreich oder notwendig?

Eine Hypothese zu diesen Fragen ist, dass die fachliche Expertise von Begleiter*innen nicht von vorrangiger Bedeutung ist (vgl. Fiegert & Solzbacher, 2014, S. 31), die direktive, gezielte Vermittlung von Inhalten kaum möglich ist (vgl. Simon, 2006, 84) und der Versuch einer direktiven Vermittlung eher als problematisch zu betrachten ist, da er die individuelle intrinsische Motivation von Studierenden übergeht (vgl. Hüther, 2016, S. 70). Vielmehr wird eine den Studierenden gegenüber positive und zugewandte, bedarfs- und stärkenorientierte Haltung als vorrangig erachtet. Entsprechend dieser Annahme gilt es Rahmenbedingungen zu schaffen und zu erhalten, die es den Studierenden ermöglichen, intrinsisch motiviert wertebasierte Lernziele zu entdecken und zu verfolgen, um im *Flow* lernen zu können (vgl. Hansch, 2008, S. 38). Dem gegenüber steht die Auffassung, dass Lernerfolge bei Studierenden sich direkt auf das Expertentum und die besondere Qualität des professionellen Wissens von Lern(Begleiter*innen) zurückführen lassen. Die *Haltung* ist hier, wenn überhaupt nur, von sekundärer Bedeutung (vgl. Fiegert & Solzbacher, 2014, S. 19).

Ziel dieser Arbeit ist es einen Vorschlag für eine professionelle Haltung zu erarbeiten, welcher sich plausibel auf der Grundlage aktueller wissenschaftlicher Erkenntnisse begründen lässt. Daran anschließend folgt die Formulierung eines Vorschlags dazu, wie eine Organisation beschaffen sein kann bzw. welche Elemente hilfreich sind, um eine Stabilität der Qualität bei einer möglichen Skalierung der Organisation zu gewährleisten.

---

[1] Mit Studierenden sind in Bezug auf diese Arbeit immer auch Schüler*innen, Student*innen oder Lernende gemeint.

2 Methodisches Vorgehen

Begriffe wie Stärken- und Bedarfsorientierung oder auch Partizipation[2] werden im öffentlichen Diskurs vielfältig verwendet, diskutiert, aber in der Konsequenz ihrer praktischen Umsetzung teilweise unterschiedlich betrachtet und ausgelegt, was die fachliche Auseinandersetzung erschwert (vgl. Rieger & Gaby Straßburger, 2019, S. 22). Für eine radikale Bedarfsorientierung beispielsweise fehlt eine ausführliche Beschreibung und wissenschaftliche Betrachtung davon, was sich hinter diesem Begriff verbirgt. Die *radikale Bedarfs- und Stärkenorientierung* ist als Teil der in dieser Arbeit zu untersuchenden *evolutionären Haltung* zu betrachten. Auch der Begriff der evolutionären Haltung ist wie der Begriff Haltung selbst noch kein wissenschaftlicher Begriff, folglich existiert auch kein konkreter, universeller Vorschlag für eine mögliche Überführung der Theorie einer evolutionären Haltung in die Handlungspraxis einer Organisation.

Diese Arbeit formuliert zu diesen Begriffen eine Definition und entwickelt und untersucht davon ausgehend eine eigene Hypothese zur praktischen Anwendung einer evolutionären Haltung und ihrer Organisation. Für die Literaturanalyse werden aktuelle bzw. bis zum Beginn der Arbeit nicht falsifizierte Erkenntnisse und Hypothesen der Forschung aus den Bereichen Epistemologie, Psychologie, Sozialwissenschaften und Neurobiologie in Bezug auf die menschliche Entwicklung untersucht.

Ein Teil der Untersuchung beschäftigt sich mit den Postulaten des Radikalen Konstruktivismus, wie sie u.a. von Ernst von Glasersfeld vertreten werden und inwieweit sich diese von Erkenntnissen aus der neurobiologischen Forschung (hier u. a. Gerald Hüther und Gerhard Roth) stützen lassen. Um die menschliche Entwicklung auf gesellschaftlicher Ebene, also auch in Bezug auf schulisches Lernen, zu betrachten, werden ergänzend die Arbeiten von Jean Piaget und Niklas Luhmann untersucht. Abraham Maslow, Carl Rogers, Hermann

[2] Partizipation wird in dieser Arbeit auf der Stufe 6 der Partizipationspyramide (Rieger & Gaby Straßburger, 2019, S. 23) angesiedelt und im Verlauf der Arbeit durch den Begriff *radikale Bedarfsorientierung* ersetzt.

Haken und Mihaly Csikszentmihályi liefern von der Humanistischen Psychologie über die Synergetik bis hin zur Flow Theorie wichtige Bestandteile zur Untersuchung passender Rahmenbedingungen für intrinsisch motiviertes Lernen. Auf diesem literaturanalytischen Fundament wird der Frage nachgegangen, welche Rahmenbedingungen es für nachhaltige Lernansätze bedarf und wie diese beschaffen sein müssen, um die Ausbildung von Kompetenzen wie Eigenverantwortung, Selbstbestimmung und Kreativität zu ermöglichen. Für die Konstruktion einer möglichen Handlungspraxis und ihrer Rahmenbedingungen in Bezug auf die Organisation dienen Arbeiten von Frederic Laloux, Julia Duwe, Rolf Drähter, Holger Koschek, Carsten Sahling und Rebecca Wild. Um potenzielle Konflikte bei der Theorie-Praxisüberführung zwischen den radikalen Ansätzen des Lernkonzepts und den aktuellen rechtlichen Rahmenbedingungen im etablierten Bildungssystem aufzudecken und zu untersuchen, wird eine Analyse der für das Land Berlin geltenden Gesetzestexte in Bezug auf Bildungseinrichtungen durchgeführt. Hier ist insbesondere das Berliner Schulgesetz (SchulG) zu nennen, da hier deutliche Vorgaben zu beachten sind.

Im Ergebnis wird basierend auf den Erkenntnissen der wissenschaftlichen Grundlegung und der vorangehenden Untersuchung menschlicher Entwicklungsprozesse ein Vorschlag erarbeitetet, welcher die aktuellen Erkenntnisse berücksichtigt. Dieser Vorschlag wird im Aufbau immer wieder rückbezüglich auf die wissenschaftlichen Erkenntnisse auf seine Viabilität hin geprüft und so schrittweise entwickelt.

3 Wissenschaftliche Grundlegung einer evolutionären Haltung

Der Begriff der *evolutionären Bildung* bezieht sich auf die *evolutionäre Epistemologie,* wie sie u.a. von Humberto Maturana und Francisco Varela vertreten wird. Die Idee bzw. der Vorschlag einer evolutionären Bildung und Haltung und ihrer Organisation, wie sie in dieser Arbeit betrachtet und untersucht wird, wurde ab dem Jahr 2013 im Rahmen eines Think Tanks zu radikaler Bedarfs- und Stärkenorientierung im Bildungsbereich entwickelt. Somit beruhen die Erkenntnisse der hier vorliegenden Arbeit auf dieser Vorarbeit und einer Momentaufnahme des untersuchten Literaturmaterials. Zum Grundbestandteil dieser Struktur gehört, dass sein natürlicher Zustand sich durch einen permanenten Entwicklungsprozess auszeichnet. Aus den Überlegungen entwickelte sich ein Feldversuch, der Ende 2018 begann: Das Street College als Projekt von Gangway e.V., einem Träger der freien Jugendhilfe. Mitte des Jahres 2021 hat sich die gemeinsam herausgearbeitete Struktur als tragfähig erwiesen. Diese Organisationsstruktur war direkt an das theoretisch philosophische Fundament und die sich daraus ergebende Handlungspraxis gekoppelt. Das Konzept setzt ein eigenverantwortliches Handeln und Lernen aller Beteiligten voraus. Es werden keine Inhalte und Rahmenbedingungen vorgegeben, bei gleichzeitigem Verzicht auf eine defizitorientierte oder in Fürsorge[3] gehende Haltung. Es wird sich vollständig am Bedarf der Lernenden orientiert und eine rein auf die Stärken der Lernenden abzielende Feedback-Kultur gepflegt. Dies führt zu unterschiedlichen Konsequenzen für Begleiter*innen[4] und Lernenden, die berücksichtigt werden müssen. Außerdem ist zu beachten, dass die durch bisher internalisierte Vorstellungen und Figurationen geschürte Erwartung darüber, wie Lernen und

[3] Fürsorge meint hier die freiwillig, teils ungefragt, übernommene Sorge für andere Menschen und nicht die Rechtspflicht (Fürsorgepflicht).

[4] Mit dem Begriff Begleiter*innen werden im Kontext dieser Arbeit auch Lehrer*innen, Dozent*innen, Tutor*innen, Prüfungsbegleiter*innen, Dozentenbegleitung und Sozialarbeiter*innen zusammengefasst, wobei bestimmte Rolle in ihrer Haltung, und ihrem Handlungsschwerpunkt für diese Arbeit unterschiedlich definiert sind. Im Laufe der Arbeit wird darauf vertiefend eingegangen.

Lehren klassischerweise *richtig* funktioniert, für keine der beiden Parteien erfüllt wird (vgl. Christina Schwer, 2014, S. 50). Ziel ist es durch Strukturen und eine *evolutionäre Haltung* Rahmenbedingungen in der Organisation zu etablieren, die eine positive, vertrauensvolle Atmosphäre[5] ermöglichen. In dieser Atmosphäre können Fehler und das Scheitern an einer Aufgabe einerseits als Chance zur eigenständigen Lösungsfindung betrachtet werden, um dadurch Selbstwirksamkeitserfahrung zu sammeln, andererseits aber auch als Möglichkeit zur Entwicklung der Problemlösekompetenz und psychologischer Flexibilität (vgl. Harris, 2009, S. 62–64). Eine Atmosphäre ist die des bewussten Erlebens von Lernerfahrungen, „…die Kommunikation zulässt, persönlichen Kontakt ermöglicht und zu gemeinsamer Reflexion ermutigt." (Hinte, 1980, S. 94) Das Konzept stellt keinen normativen Anspruch, sondern ist als ergänzende Variante im Spektrum der Handlungspraxis professioneller Begleitung zu verstehen. Das philosophische und theoretische Fundament fußt auf den Gedanken und Überlegungen des Radikalen Konstruktivismus, wie Heinz von Foerster und Ernst von Glasersfeld ihn postulieren. Neben der Systemtheorie von Niklas Luhmann, der humanistischen und positiven Psychologie nach u. a. Abraham Maslow und Carl Rogers zählt auch die von Mihaly Csikszentmihalyi beschriebene Flow-Theorie zu wichtigen Elementen des Fundaments einer evolutionären Bildung. Gestützt wird dieser theoretische Unterbau durch aktuelle Erkenntnisse der Lern- und Kognitionsforschung und der Neurobiologie.

3.1 Radikaler Konstruktivismus

Hinter dem Begriff Konstruktivismus[6] eröffnet sich ein weites Feld unterschiedlicher Ideen und Theorien, welche sich u. a. mit der Frage beschäftigen „…in welchem Verhältnis das Sein der Welt zur Erkenntnis der Welt steht." (Simon, 2006, S. 9) Sie stimmen darin überein, dass sie

[5] Der Begriff Atmosphäre bezieht sich in dieser Arbeit auf Stimmung oder Aura, wie er in der Ästhetik und Phänomenologie verwendet wird. Er ist nicht zu verwechseln mit dem in der Astrologie beheimatet ist Begriff der (Erd-)Atmosphäre.

[6] Wird im Verlauf dieser Arbeit Konstruktivismus erwähnt, ist immer der radikale Konstruktivismus gemeint. Gemeint ist nicht Sozialkonstruktivismus oder interaktionistischer Konstruktivismus.

sich von absoluten Wahrheits- und Wirklichkeitsbegriffen distanzieren, da für sie „...alltägliches Erkennen wie auch Wissenschaft [...] subjekt- und kontextabhängig..." (Berger, 1993, S. 195) ist. Als Begründer des Radikalen Konstruktivismus gelten u. a. Ernst von Glasersfeld und Heinz von Foerster. Deren philosophische Theorien zur Erkenntnis und Wahrnehmung konvergieren mit denen von Francisco J. Varela und Humberto Maturana (vgl. Berger, 1993, S. 196) und schließen sich an die Entwicklungstheorie von Jean Piaget an (vgl. Simon, 2006, S. 69). Die Theorien können als Brückenbau zwischen Geistes- und Naturwissenschaften betrachtet werden. Der radikale Konstruktivismus kritisiert die vorherrschende Vorstellung einer erkennbaren, ontischen Realität und stellt ihr den Begriff der Viabilität gegenüber (vgl. Berger, 1993, S. 199). Dies wird begründet mit der Unmöglichkeit kognitiven Zugang zu einer ontischen Welt zu erlangen, also einer an sich bestehenden Wirklichkeit zu erlangen. Somit ist auch kein Vergleich zwischen der subjektiven Wahrnehmung und einer an sich seienden Wahrheit möglich (vgl. Glasersfeld, 1992, S. 13).

> „Um da eine Übereinstimmung festzustellen oder zu prüfen, müßte das Erlebte ja mit der „Wirklichkeit" verglichen werden- und dieser Vergleich ließe sich nur machen, wenn man Erlebtes dem noch nicht Erlebten gegenüberstellen könnte. Der einzige Zugang zu noch nicht Erlebtem aber führt eben durch das Erleben, und darum läßt sich nie ermitteln, ob die Art und Weise des Erlebens das von der Wirklichkeit ‚Gegebene' vermindert oder verfälscht." (Glasersfeld, 1992, S. 10)

Grundsätzlich geht die Theorie davon aus, dass alles, was der Mensch als Wirklichkeit identifiziert und durch seine Sinneseindrücke wahrnimmt, von ihm selbst unterbewusst konstruiert wurde und wird. „Wahrnehmung und Erkenntnis wären demnach also konstruktive und nicht abbildende Tätigkeiten." (Glasersfeld, 1992, S. 30) Ob diese konstruierte Wirklichkeit in der Wahrnehmung ihrer Beschaffenheit einer äußeren Realität gleicht, Ähnlichkeiten aufweist oder diese überhaupt abbilden kann, wird vom Radikalen Konstruktivismus in Frage gestellt (vgl. Simon, 2006, S. 69). Gestützt wird diese Annahme durch unterschiedliche Erkenntnisse aus den Bereichen der Hirn- und Kognitionsforschung (vgl. Roth, 1997, S. 317). Das Bild der Umwelt, welches auf die Netzhaut (Retina) des Auges trifft, kann als solches von den Sinnesorganen nicht als *Bild* ins Gehirn transportiert werden (vgl. Roth, 1997, S. 252). Die durch den Lichteinfall auf die Retina gereizten lichtempfindlichen Nervenzellen übermitteln durch ein Aktivitäts-Inaktivitäts-Muster dem Gehirn die Informationen, mit denen es in der Lage ist, ein Bild der Umwelt zu errechnen (konstruieren) (vgl. Simon, 2006, S. 44). Diese Kodierung der Nervenzellen misst jedoch nicht die Qualität der Reizung der Nervenzellen, sondern nur die Quantität. Die elektrische Entladung einer Tastzelle beispielsweise liegt immer etwa bei 1/10 Volt, unabhängig von der Reizstärke (vgl. Foerster, 1992, S. 56). „Die Erregungszustände einer Nervenzelle codieren nur die Intensität, aber nicht die Natur der Erregungsursache." (Foerster, 1992, S. 58) Das Gehirn ist als autopoietisches System operational geschlossen, hat keinen direkten Kontakt zu Außenwelt und errechnet lediglich anhand der durch die Nervenzellen übertragenen Frequenzmuster ein Bild der Umwelt. Das Tasten und Berühren eines Steins löst eine bestimmte Formation bzw. ein bestimmtes Frequenzmuster aus und sendet es an das Gehirn, welches dieses Muster bei genügend Wiederholungen der Kategorie Stein zuordnet, bzw. im Entwicklungsprozess anlegt. Gleiches gilt für die lichtempfindlichen Zellen im Auge (der Retina). Die Korrelationen der aus Seh- und Tastsinn übermittelten Frequenzmuster erhärten die Wahrnehmung, dass es sich um einen Stein handelt. Das Erkennen bzw. Zuordnen der Frequenzmuster übernehmen sogenannte Ordner oder auch Attraktoren. Diese reagieren auf alles, was vom kognitiven System im Phänomenbereich erfasst wird, und ordnen es entsprechend zu. Weist ein Frequenzmuster genügend Ähnlichkeiten mit einer bestehenden Kategorie auf, wird es dieser zugeordnet. Dies gilt für Objekte, Geräusche, Gedanken oder Gefühle, also auch für Werte. Die Regionen im Gehirn, welche für die Encodierung der übermittelten Frequenzmuster der Sinnesreizungen und damit für die Konstruktion der *Wirklichkeit* verantwortlich sind, bekommen zwar genug Informationen, bedienen sich bei der Wirklichkeitskonstruktion jedoch immer schon angelegter kognitiver Strukturen. Eine dem Gehirn vertraute Umgebung (die durch einzelne Attraktoren erkannt wird), wird zum überwiegenden Teil aus Bildern erzeugt, welche schon im Gedächtnis lagern. Das Gehirn reagiert also in seiner neuronalen Aktivität zum überwiegenden Teil selbstreferentiell (vgl. Roth, 1997, S. 253). Der Mensch kann durch seine Sinnesorgane nur etwa 0,013 % der möglichen Elemente im Phänomenbereich wahrnehmen, rein physisch ist damit eine Erfassung der Umwelt in ihrer Gesamtheit nicht möglich (vgl. KEYLENS, 2015). Diese Filterung und Reduktion der Komplexität der wahrnehmbaren Masse an potenziell erfassbaren Elementen und Ereignissen, dient dem Schutz des kognitiven Systems vor Überforderung und hilft wichtige Energien einzusparen. Diese Strukturen und Filter werden nach der Geburt schrittweise mit dem Heranwachsen so angelegt, dass dem Gehirn eine sehr geringe Zahl an Wahrnehmungselementen genügt, um ein kohärentes Bild der Wirklichkeit zu konstruieren (vgl. Roth, 1997, S. 266). Der Rest der als vollständig erlebten Wirklichkeit wird aus bereits vorhandenen Strukturen aus dem Gedächtnis konstruiert. Diese bestehenden Strukturen stammen aus früheren Erlebnissen und Auseinandersetzungen, welche große Ähnlichkeiten mit einer gegenwärtigen Situation aufwiesen (vgl. Roth, 1997, S. 268). Das Gehirn kann durch diese Strukturdeterminiertheit energiesparend das passende Wahrnehmungsprogramm abrufen und nur wirklich notwendige Elemente der Wahrnehmung der Außenwelt miteinbeziehen. Im Grunde werden neue Wahrnehmungselemente nur bei auftretender Inkohärenz mit dem bisherigen Konstrukt durch Pertubation in die vom Gehirn bereits konstruierte, im Sinne einer selbstverstärkenden Konstitution bevorzugte, bestehende Wirklichkeit eingebaut. Dementsprechend reagiert das kognitive System bevorzugt auf Außenreize, die möglichst passend erscheinen und die bestehende Struktur bestätigen. So wird ein*e Partner*in im Gespräch zum überwiegenden Teil vom Gehirn konstruiert und trotzdem als körperlich vollständig anwesend wahrgenommen. Spätestens bei der Frage, warum denn eine neue Frisur noch nicht kommentiert wurde, dürfte eine Pertubation (Irritation) stark genug sein, um diesen Teil des Körpers in die Wahrnehmung mit einzubauen. In diesem Fall wurde die Pertubation nicht durch die neue Frisur ausgelöst, da diese vom kognitiven System offensichtlich nicht als irritierend genug (also notwendig) eingestuft wurde (vgl. Roth, 1997, S. 269). Die Pertubation wurde erst durch die Kommunikation durch die Frage, warum die neue Frisur nicht erkannt wurde, hervorgerufen. Ein simples Experiment auf Abbildung 1 verdeutlicht die konstruierende Funktion des Gehirns: Schließt ein*e Beobachter*in das linke Auge (ggf. mit Hilfe der linken Hand) und fokussiert mit dem rechten Auge den Stern, so wird bei einer Distanz von etwa 35 cm zum Papier bzw. Bildschirm, der Punkt vollständig verschwinden.

Abb. 1: Blinder Fleck (Foerster, 1992, S. 49)

Bei diesem Vorgang fällt, in der passenden Position, das Bild des Sterns auf die Fovea, den lichtempfindlichsten Teil der Retina. Das Bild des Kreises hingegen fällt wie in Abbildung 2 dargestellt auf den Discus, also die Stelle im Auge an der der Sehnerv das Auge verlässt. Dort befinden sich keinerlei lichtempfindliche Nervenzellen, weshalb an dieser Stelle auch nichts gesehen werden kann (vgl. Foerster, 1992, S. 49).

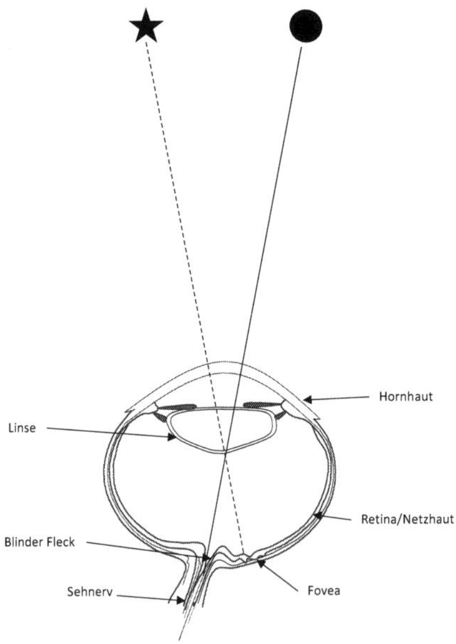

Abb. 2: Horizontalschnitt durch das rechte menschliche Auge, mit Ausrichtung auf Stern und Kreis. (vgl. Foerster, 1992, S. 50)

Folgt man hier der falschen Annahme das der Wahrnehmungsapparat einer abbildenden Tätigkeit nachgeht, so müsste jeder Mensch ein schwarzes Loch sehen und mit einer unvollständigen, löchrigen Wirklichkeit konfrontiert sein. Das Gehirn erzeugt (konstruiert) für das Bewusstsein jedoch ein zusammenhängendes und geschlossenes Bild, welches als faktisch gegeben und wahrhaftig erlebt wird. Die Funktionsweise eines Gehirns in Bezug auf die Wahrnehmung ist demnach eine konstruktive und keine abbildende (vgl. Glasersfeld, 1992, S. 30). Dieser Umstand verleiht der Theorie des radikalen Konstruktivismus zur menschlichen Wahrnehmung und Erkenntnis, für den Kontext dieser Arbeit die notwendige Plausibilität (Viabilität).

3.2 Subjektive Wirklichkeitskonstruktion durch Viabilität

Der Versuch Wissen oder Erkenntnis durch eine Hypothese belegen zu wollen mittels Abgleich zu etwas (dem Ontischen), zu dem der Mensch keinen kognitiven Zugang hat, ruft ein Paradoxon hervor. Mit dem Begriff der *Viabilität* und seiner Definition wird ein Ausweg aus diesem Dilemma aufgezeigt (vgl. Glasersfeld, 1992, S. 29). *Viabel* kann mit passend oder auch brauchbar übersetzt werden und wird im Kontext der Wahrnehmung an die Stelle einer sonst ikonischen Beziehung der Übereinstimmung zum ontischen gesetzt. Anstatt einer *wahrheitsgetreuen* Abbildung der *Wirklichkeit*, verlangt die Idee der *Viabilität* lediglich eine Brauchbarkeit der Wahrnehmungen und Erkenntnisse für die subjektive Erlebniswelt und das Überleben in ihr. Die subjektive Erlebniswelt wiederum „...erhält Struktur und Organisation einzig und allein durch die Regelmäßigkeiten und Invarianten, die es dem Erlebenden im Fluß seines Erlebens zu abstrahieren gelingt" (Glasersfeld, 1992, S. 34). Dieses Abstrahieren geschieht, indem der Mensch den *Fluss seines Erlebens* immer wieder unterbricht, die Erlebnisfragmente reflektiert, miteinander in Beziehung setzt und so verkettet, dass Modelle von Dingen entstehen, die losgelöst vom Phänomenbereich (der Umwelt) erkannt und in Kategorien zusammengefasst werden. Diese Kategorien werden nach Möglichkeit ebenfalls in Beziehung zueinander gesetzt und so erwächst nach und nach eine kohärente Wirklichkeitskonstruktion. Um die Kohärenz der Wirklichkeitskonstruktion aufrecht zu erhalten, muss die Viabilität der Kategorien und der ihnen zugeordneten Modelle gegeben sein. Dies ist nur so lange der Fall, wie sich das Wahrgenommene so verhält, wie es anhand der Erwartungen, welche sich aus einer Kategorie ergeben, auch erfüllt werden. Sollte dies nicht mehr gegeben sein, muss das Wahrgenommene einer anderen Kategorie zugeordnet oder eine neue Kategorie geschaffen werden (vgl. Glasersfeld, 1992, S. 35).

Ein Beispiel für einen solchen Vorgang könnte so aussehen: Ein beobachtendes Subjekt, das am Wegesrand kleine Steine aufsammelt, stellt fest, dass einer der Steine sich von allein bewegt und jedes Mal, wenn es versucht nach diesem Ding zu greifen, entfernt es sich rasch von der Hand weg. Das beobachtende Subjekt wird dieses Ding nicht länger der Kategorie der Steine zuordnen, da sich in dieser Kategorie die wahrgenommenen Dinge nicht von allein bewegen. Die Tatsache, dass dieses Ding sich immer dann rasch wegbewegt, sobald sich eine Hand nähert, könnte das Subjekt dazu bringen, dem Ding zu unterstellen über die Fähigkeit des Sehens zu verfügen wie es selbst. Diese Erkenntnis erscheint plausibel und passt in die Erlebniswelt und die Erwartung, die das beobachtende Subjekt von Dingen hat, die sehen können. Ob dieses sich von allein bewegende Ding *wirklich* so sehen kann, wie das wahrnehmende Subjekt von sich selbst ausgehend vermutet (in Farbe, dreidimensional, etc.), kann nicht festgestellt werden. Dies ist aber auch nicht notwendig, solange die Annahme, dass das Ding sehen kann, im kognitiven System als viabel erscheint, da die an die Kategorie geknüpften Erwartungen erfüllt werden. Diese Koordination der Erlebniswelt durch Korrektur und Erweiterung zum Erhalt ihrer Kohärenz, wurde von Jean Piaget mit den Begriffen *Assimilation* und *Akkommodation* beschrieben (vgl. Glasersfeld, 1992, S. 35).

3.3 Assimilation und Akkommodation durch Pertubation

Jedes Mal, wenn die Erlebniswelt an Kohärenz verliert, wird dies durch eine Pertubation ausgelöst. Pertubation meint Störung oder Irritation und steht hier für eine von außen wirkende Störung auf das kognitive System des Subjekts in der Interaktion mit der Umwelt (vgl. Simon, 2006, S. 53). Um bei dem Beispiel des sich bewegenden Steins zu bleiben, so trat hier die Pertubation in dem Moment auf, als ein Stein anfing sich entgegen der Erwartung zu bewegen. Eine Assimilation wäre möglich, insofern das kognitive System des Subjekts eine passende Kategorie für einen sich von selbst bewegenden Stein hätte, also in diesem Fall beispielsweise die *Mistkäfer-Kategorie.* Dadurch wäre das Subjekt in der Lage mit dem bestehenden kognitiven System, mittels Assimilation, wieder eine Kohärenz der Erlebniswelt herzustellen. Wäre diese Kategorie nicht vorhanden, müsste eine neue Kategorie, durch Akkommodation, konstruiert werden. Das bedeutet, dass ein Umbau des bestehenden kognitiven Systems erfolgen muss, so dass die Erlebniswelt anschließend wieder kohärent erscheint (vgl. Simon, 2006, S. 69). So lernt der Mensch und entwickelt sich weiter. Auf eine Störung der Kohärenz der inneren Prozesse mit Anpassung bzw. Veränderungen zu reagieren, gilt für alle lebenden Systeme (vgl. Hüther, 2016, S. 29).

3.4 (Relative) Objektivität

Um auch andere lebende, selbstorganisierte Subjekte (Menschen) im Phänomenbereich einordnen zu können, geht das handelnde Subjekt wie beim Beispiel des sich von allein bewegenden Steins vor. Es reagiert auf die Pertubation des Erscheinens eines anderen Subjekts, für das es noch keine Kategorie besitzt, indem es mittels Akkommodation eine passende erschafft. Dazu unterstellt es dem anderen Subjekt auch die eigene Fähigkeit zur subjektiven Ordnung und Organisation der Erlebniswelt, zumindest, solange die Wahrnehmung diese Annahme als viabel erscheinen lässt. Durch die Interaktion mit anderen Subjekten ergeben sich nun zusätzliche Möglichkeiten „...die Wirklichkeit des Erlebten zu erhärten“ (Glasersfeld, 1992, S. 36). Wenn das handelnde Subjekt den sich eigenständig bewegenden Stein nun als Mistkäfer erkennt, da dieser alle Erwartungen erfüllt, die diese Kategorie stellt, könnte es sich im Austausch mit einem anderen Subjekt seine Erkenntnis bestätigen lassen. Hierfür reicht die rein sprachliche Interaktion jedoch nicht aus, sondern es gilt die sprachliche Handlung des anderen auf Grundlage des eigenen kognitiven Systems erfolgreich zu interpretieren. Wenn der Begriff Mistkäfer nun von einem anderen Subjekt bestätigt wird und in der Kommunikation deutlich wird, dass beide Subjekte ausreichend ähnliche Erwartungen an das Modell (Konstrukt) eines Mistkäfers haben und bestätigt sehen, lässt sich von einer erfolgreichen Interpretation sprechen (vgl. Hejl, 1992, S. 127). Dieser Vorgang kommt dem Erleben einer objektiven Realität am nächsten, jedoch ist damit eine ontische Erkenntnis des Mistkäfers nicht gegeben. Lediglich die jeweilige kognitive Struktur (Kategorie) in Bezug auf das Erlebnis wurde intersubjektiv als viabel erkannt (vgl. Glasersfeld, 1992, S. 37). Auch lässt sich keine gesicherte Aussage darüber treffen, inwieweit die eigene Vorstellung über das Sein der anderen mit der Vorstellung der Anderen vom eigenen Subjekt konvergiert.

3.5 Autopoietische Systeme

Der Mensch als lebendes, sich selbst erzeugendes System, welches seine eigenen Grenzen bestimmt und aufbaut, wird von Humberto Maturana auch als autopoietisches System bezeichnet (vgl. Simon, 2006, S. 33). Charakterisierend für autopoietische Systeme sind die Offenheit gegenüber der Umwelt, die Selbstorganisation sowie die operationale Geschlossenheit. Mit operationaler Geschlossenheit ist gemeint, dass eine interne Operation (im Körper) immer an eine interne Operation anschließt (vgl. Simon, 2006, S. 34). Heinz von Foerster veranschaulicht diesen Vorgang anhand eines Vergleichs mit Maschinen, wobei hier nicht durch mechanische oder elektronische Teile zusammengesetzte Apparaturen gemeint sind. Es handelt sich bei Heinz von Foersters *Maschine* um eine begriffliche Struktur, mit der sich eine Struktur und der Aufbau von etwas bestimmen und veranschaulichen lässt. Von Foerster unterscheidet zwei Typen von Maschinen, zum einen die trivialen Maschinen und zum anderen die nichttrivialen Maschinen. Bei einer trivialen Maschine (so wie in Abbildung 3 dargestellt) führt die Eingabe/Ursache x durch die innere determinierte Wirkungsfunktion (f) zu einer *fehlerfreien* entsprechenden Ausgabe/Wirkung (Y), also y = f (x). Eine mögliche Programmierung ist in der Tabelle in der Abbildung 4 dargestellt. Bei einer Eingabe/Ursache A führt dies unweigerlich zu Ausgabe/Wirkung 1, B zu 2, usw., diese Operationen lassen sich beliebig oft wiederholen und führen immer zu der gleichen Wirkung, somit ist eine Kausalität gegeben. Bei jeweils vier Eingabe- und Ausgabewerten wären, durch Veränderung der Buchstaben- und Zahlenzuordnung, insgesamt 256 unterschiedliche Maschinen konstruierbar (vgl. Simon, 2006, S. 36). Durch die gegebene Kausalität der Programmierung bleibt, auch bei einer wesentlich höheren Anzahl von Eingabe- und Ausgabewerten, die Berechenbarkeit erhalten.

Abb. 3: Triviale Maschine (vgl. Foerster, 1992, S. 60)

X	Y
A	1
B	2
C	3
D	4

Abb. 4: Tabelle 1 zu trivialer Maschine (vgl. Foerster, 1992, S. 61)

Bei nichttrivialen Maschinen ist die Wirkungsfunktion (f) abhängig von der Zustandsfunktion (z) welche nun der Programmierung der Maschine hinzugefügt wird. Dieser Typ Maschine kann zwischen unterschiedlichen inneren Zuständen wechseln. Im Grunde werden hier unendlich viele triviale Maschinen zu einer vereint. Eine Eingabe/Ursache (x) führt, gemäß der Korrelation von Wirkungsfunktion (f) und innerem Zustand (z) der Maschine, zu einer Ausgabe/Wirkung (y). Am Ende jeder durchgeführten Operation könnte die Maschine in einen neuen Zustand versetzt werden. Je nachdem wie die Programmierung der Zustände beschaffen ist, hat dies zur Folge, dass eine Eingabe/Ursache nicht immer zu einer gleichen Ausgabe/Wirkung führt.

Was dies für die Komplexität der sich daraus ergebenden Ausgabe/Wirkungsmöglichkeiten ergibt, verdeutlicht ein Beispiel einer nichttrivialen Maschine mit gerade einmal zwei inneren Zuständen.

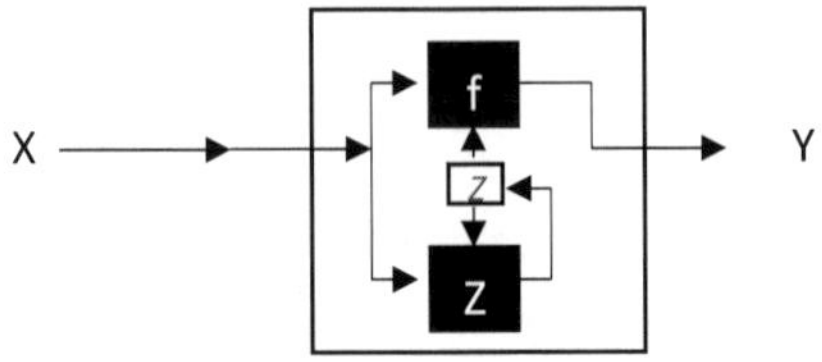

Abb. 5: Nichttriviale Maschine (vgl. Simon, 2006, S. 37)

Zustand I

x	y	z
A	1	I
B	2	II
C	3	I
D	4	II

Abb. 6: Tabelle Zustand I einer nichttrivialen Maschine (vgl. Simon, 2006, S. 37)

Zustand II

x	y	z
A	4	I
B	3	I
C	2	II
D	1	II

Abb. 7: Tabelle Zustand II einer nichttrivialen Maschine (vgl. Simon, 2006, S. 37)

Anhand der Tabellen aus den Abbildungen 6 und 7 lässt sich die Programmierung einer nichttrivialen Maschine ablesen. Bei der Eingabe / Ursache B, bei einem inneren Zustand I, folgt die Ausgabe / Wirkung 2. Anschließend wird die Maschine in den Zustand II versetzt (siehe Abb. 6: Tabelle Zustand I). Wird die Eingabe / Ursache B wiederholt, folgt nun die Ausgabe / Wirkung 3 und anschließend wird die Maschine wieder in den Zustand I versetzt (siehe Abb. 7: Tabelle Zustand II). Wäre das Innere der Maschine (des Systems) nicht durch die Tabellen sichtbar, wäre die Maschine bei lediglich einem Eingabe- und einem Ausgabesymbol analytisch bestimmbar. Schon bei zwei Eingabe- und Ausgabewerten steigt die Anzahl möglicher Programmierungen auf 65536 erheblich. Bei vier Eingabe – und Ausgabesymbolen sind es bereits 10^{2466} und es wird deutlich das nichttriviale Maschinen (Systeme) analytisch nur schwer bestimmbar sind und die Ausgabe / Wirkung einer Operation meist nicht vorhergesagt werden kann (vgl. Simon, 2006, S. 39). Es lässt sich wie in Abbildung 8 dargestellt festhalten:

Triviale Systeme	Nichttriviale Systeme
1. Synthetisch determiniert	1. Synthetisch determiniert
2. Analytisch bestimmbar	2. Analytisch unbestimmbar
3. Vergangenheitsunabhängig	3. Vergangenheitsabhängig
4. Voraussagbar	4. Nicht voraussagbar

Abb. 8: Eigenschaften von trivialen und nichttrivialen Systemen

Würden die kognitiven Strukturen des menschlichen Gehirns denen eines trivialen Systems entsprechen, so wäre eine determinierte Wirkung durch eine entsprechende *Eingabe/Ursache*, wie z. B. einer pädagogischen Lehrmethodik, möglich. Was dann ohne weiteres eine Klassenstärke von bis zu 30 Schüler*innen, einheitliche Lehrpläne, sowie Gleichschaltung (Inhalte, Lerntempo, etc.) plausibel erscheinen lässt. Vorausgesetzt die Schüler*innen (als triviale Systeme) sind alle gleich programmiert (konstruiert) oder ihre individuelle Programmierung wäre bekannt. Der Mensch als nichttriviales System, bei dem um ein Vielfaches mehr Eingabe- und Ausgabesymbole vorhanden sind, ist in Bezug auf seine Psyche, also sein Verhalten und seine Entwicklung vergangenheitsabhängig und nicht vorhersagbar. Jede Wahrnehmung, sei es eine visuelle wie das Betreten eines Raumes oder eine komplexe wie eine soziale Interaktion mit anderen Menschen, wird vom Gehirn auf bekannte Muster und Strukturen untersucht. Aus dieser Untersuchung erfolgt die Konstruktion der Wirklichkeit mittels bestehender, als passend erkannter Bauteile aus dem Gedächtnis (vgl. Roth, 1997, S. 267). Nur Notwendiges wird aus den empfangenen Umweltreizen um der Kohärenz willen mit eingebaut. Da der Mensch von außen nicht einsehbar ist, weder physisch noch psychisch, lässt sich nicht vorhersagen, welche Elemente notwendig sind. So wird ein Mensch beispielsweise über einen Witz lachen, wird dieser aber ein zweites Mal erzählt, wird das Lachen aufgrund der bereits gemachten Erfahrung evtl. reduzierter oder gar nicht mehr auftreten. Ein anderer Mensch hingegen wird beim ersten Erzählen des gleichen Witzes evtl. überhaupt nicht lachen. Die Begründungen dafür können vielfältig sein: Die bereits vorhandenen Erfahrungen und kognitiven Strukturen können den Inhalt als ernst (als diskriminierend) und nicht lustig einstufen, aufgrund fehlender Erfahrungen die Pointe nicht erkennen lassen oder aufgrund Verständnisproblemen könnten fundamentale Bestandteile überhört worden sein (vgl. Simon, 2006, S. 39). Gleiches gilt demnach auch für Lerninhalte und Lernmethoden: Diese können nicht *vermittelt* oder *übermittelt* werden, zumindest nicht durch eine determinierte Operation mit gezielter Wirkung. Menschen als psychische Systeme sind strukturdeterminierte, autopoietische, nichttriviale Systeme und damit nicht von außen steuerbar (vgl. Simon, 2006, S. 54).

3.6 Kommunikation

Die bis zu diesem Kapitel der Arbeit dargestellten Beschreibungen des Aufbaus der menschlichen kognitiven Struktur lassen die Handlung der Kommunikation zwischen den Menschen und ihrer Umwelt als wesentlich komplexer erscheinen als einen schlichten Austausch von Informationen nach dem Sender und Empfänger Prinzip. Dies ist aus konstruktivistischer Perspektive grundsätzlich ausgeschlossen. Zwar ist der Sender schon maßgeblich für den Inhalt der Information verantwortlich, jedoch wird die gesendete Information nicht passiv vom Empfänger aufgenommen und damit seine wahrgenommene Realität durch den Sender bestimmt. Der Empfänger nimmt durch seine Strukturdeterminiertheit an der Konstruktion der Information aktiv teil, indem er sie auf der Basis seiner kognitiven Strukturen interpretiert und ihr Sinn und Bedeutung zuschreibt.

> „Jede Rede, ob gesagt oder geschrieben, ist eine Übersetzung, die nur Sinn annimmt in der Rückübersetzung, in der Erfindung der möglichen Gründe des gehörten Tones oder der geschriebenen Spur."
> (Ranciére, 1987, S. 80)

Kommunikation beruht laut dem Mathematiker George Spencer-Brown auf der Kreation von Unterscheidungen. Hierfür wird der Raum bzw. Phänomenbereich (oder auch spezifische Erlebniswelt) aufgeteilt, wobei ein Teil als Außen und ein Teil als Innen definiert ist, dem ein Wert zugeschrieben wird. Diese erste Unterscheidung nennt Spencer-Brown Form (markierter Raum, Zustand oder Inhalt), womit das Innen also der markierte Raum im Phänomenbereich gemeint ist. Das Außen beschreibt den nicht markierten Raum (Umwelt). Der Form kann nun ein Name, bzw. ein Signal zugeordnet werden, womit sich dieses Phänomen kommunizieren lässt (vgl. Simon, 2006, S. 63). Die Korrelation aus Unterscheidung und Bezeichnung ist wiederum dem Strukturdeterminismus eines autopoietischen, psychischen Systems unterworfen. Welche Bedeutung ein Individuum einem Wort gibt, *entscheidet* es selbst. Dies führt zu Missverständnissen und kann damit auch zu Konflikten führen oder schlicht nicht wahrgenommen werden (vgl. Simon, 2006, S. 65). So könnte die Aussage *„Dieser Raum verfügt über eine gute Atmosphäre"* aufgrund unterschiedlicher Korrelationen zwischen Form und Begriff zu unterschiedlichen Interpretationen führen. Ein Individuum meint damit evtl. die als positiv wahrgenommene soziale Interaktion der Menschen in diesem Raum, ein anderes das Interieur, was als besonders ästhetisch und damit als angenehm wahrgenommen wird. Auch eine gute Atemluft, also der *gute* Sauerstoffgehalt in diesem Raum wäre aus dieser Aussage interpretierbar. Natürlich ließe sich durch einen rekursiven Kommunikationsakt die vom *Sender* gemeinte Variante der Bedeutung evtl. *klären*, jedoch ist dies nicht notwendig und muss nicht geschehen, solange das empfangene Signal vom Empfänger auf eine Weise interpretiert wird, welche die Information als viabel erscheinen lässt und keine Irritationen auftreten. Im letzteren Fall wird erfolgreich erfolglos kommuniziert, ohne dass dies eine Pertubation auslöst. Die erfolgreiche zwischenmenschliche Kommunikation bedarf somit einer regelmäßigen Überprüfung durch Abgleich der genutzten Worte mit der Bedeutung, welche ihnen jeweils zugeschrieben wird. Neben der *Beschreibung* von Phänomenen, also welche markierten Phänomene gemeint sind, spielt in der Kommunikation (also der intersubjektiven Wirklichkeitskonstruktion) die *Erklärung* der Phänomene und wie diese bewertet werden eine bedeutende Rolle (vgl. Simon, 2006, S. 73). So kann das Verhalten von Schüler*innen unterschiedlich gedeutet und bewertet werden, was Konsequenzen für die weiteren Handlungen hat. Wenn beispielsweise eine Schülerin durch ihr häufiges Zuspätkommen, ihre mangelnde Beteiligung am Unterricht sowie unhöfliches Verhalten gegenüber den Lehrkräften auffällt, sind unterschiedliche Schlussfolgerungen der Lehrkräfte durchaus denkbar. Einerseits kann der Schülerin eine boshafte Absicht unterstellt werden, weil sie die Schule und ihre Vertreter*innen ablehnt, was sie zu einer Täterin macht. Die Lehrkräfte könnten aber als Ursache andererseits auch familiäre Probleme, evtl. sogar Gewalterfahrung unterstellen, was die Schülerin zum Opfer macht und ihre Aktionen evtl. als Hilferuf erscheinen lassen. Oder es könnte eine neuronale Erkrankung und psychische Einschränkung vermutet werden. Die interpretierte Ursache kann in diesem Fall aufgrund fehlender Datenlage nicht ermittelt werden und beruht somit nur auf einer Interpretation der wahrgenommenen Phänomene. Was als Ursache vermutet wird, hat entscheidenden Einfluss auf die weiteren Handlungen der Lehrkräfte, nämlich ob diese sich mit der Schülerin oder gegen sie solidarisieren (vgl. Simon, 2006, S. 74). „Handlung orientiert sich immer an Erklärungen" (Simon, 2006, S. 75). In Bezug auf das hohe Risiko, durch fehlinterpretierte Informationen unpassende Handlungen zu vollziehen, gewinnt die Reflexion von Kommunikationshandlungen fundamental an Bedeutung.

3.7 Systemisch konstruktivistische Reduktion

Für die Systemtheorie von Niklas Luhmann spielt der Begriff Kommunikation ebenfalls eine entscheidende Rolle, sie schließt an die Selbstorganisationsmodelle wie sie u.a. von Heinz von Foerster, Ernst von Glasersfeld und Humberto Maturana postuliert werden an und hebt sie mit dem Vorschlag der *sozialen Systeme* auf eine gesellschaftliche Ebene. Luhmann unterscheidet (in Bezug auf den Menschen) drei Typen von Systemen, die alle als autopoietische, operational geschlossene Systeme zu betrachten sind. *Organisches System* meint den Köper und seine biochemischen Prozesse, das *Psychische System* den Geist und das Bewusstsein mit seinen Gedanken und Gefühlen. *Soziale Systeme* bestehen laut Luhmann nur aus Kommunikation und bilden damit die Umwelt von psychischen Systemen. Da soziale Systeme nur aus kommunizierender Kommunikation bestehen und nicht aus psychischen Systemen, bilden diese psychischen Systeme wiederum deren Umwelt (vgl. Simon, 2006, S. 90). Soziale Systeme werden in drei Typen unterschieden:

- Die *Gesellschaft* bildet dabei das allumfassende soziale System, das alle anderen sozialen (Sub-)Systeme umschließt.
- Die *Interaktion*, womit die Kommunikation zwischen mindestens zwei psychischen Systemen gemeint ist, stellt einen weiteren Typus sozialen Systems dar. So ist die Kommunikation innerhalb der Familie, beim Friseur oder im Unterrichtsraum auch als soziales (Kommunikations-)System zu verstehen.
- Als dritten Typ des sozialen Systems identifiziert Luhmann die *Organisationen* wie beispielsweise Unternehmen, Vereine oder Schulen (vgl. Simon, 2006, S. 101).

Wie oben bereits beschrieben sind Interaktionen mit anderen psychischen Systemen eine Möglichkeit die eigene Wirklichkeit im Kontext sozialer Systeme auf ihre Viabilität hin zu überprüfen. Jedes Phänomen, das ein psychisches System pertubiert und durch Akkommodation oder Assimilation von diesem viabel in dessen Wirklichkeitskonstruktion verbaut wird, kann als eigenes Konstrukt mit der kollektiven Konstruktion eines sozialen Systems durch Abgleichen angepasst, weiterentwickelt oder verworfen werden (vgl. Hejl, 1992, S. 124). Für psychische Systeme besteht ein erhöhtes Interesse daran auch in Bezug auf soziale Systeme Widersprüche (im Besonderen hier kommunikative Widersprüche) auf ein energiesparendes, die bestehende Wirklichkeitskonstruktion möglichst erhaltendes, viables Maß zu reduzieren. Ein Konflikt mit sozialen Systemen bedeutet im Zweifelsfall soziale Isolation, was das Überleben erschwert oder je nach Strukturdeterminiertheit gefährdet. Unter diesem Aspekt erscheint oft eine Akkommodation von kollektiven Konstruktionen als viabel, auch wenn diese teilweise der subjektiven Wahrnehmung widersprechen. Dieser Umstand macht ein gesellschaftliches Zusammenleben möglich, trotz der beschriebenen, nicht unerheblichen Schwierigkeiten, Tücken und Interpretationsfallen in der zwischenmenschlichen Kommunikation. Eine Gruppe mit genügend Teilnehmer*innen bestimmt mit der Schnittmenge der Konstruktionen, in der sie übereinkommen, die Definition und Rahmenbedingungen *richtigen* Handelns. Aus dieser Perspektive ist jede Objektivität eine Konstruktion, welche nur so lange Bestand hat, wie sie vom sozialen System als viabel erkannt (und vom psychischen System als viabel für das soziale System interpretiert) wird. Da psychische Systeme in bereits bestehende soziale Systeme hineingeboren werden, deren kollektive Konstruktionen (wie Moral, Ethik, Religion, Politik oder auch Bildung) von einer Masse anderer psychischer Systeme als viabel betrachtet werden, orientieren sie sich in ihrem Entwicklungsprozess auch, mitunter zwangsläufig, jedoch nicht ausschließlich, an diesen bestehenden kollektiven Konstruktionen (vgl. Hejl, 1992, S. 125). Hier schließt sich der Kreis zu der in der Einleitung erwähnten Veränderungsimmunisierung potenzieller Lehramtsstudent*innen durch die Prägung des Bildungssystems (vgl. Christina Schwer, 2014, S. 51). Dieses System gilt von ihrer Geburt an in ihrem sozialen Umfeld (Erlebniswelt) und der dort bereits stabilisierten Realitätsdefinition als objektiv richtig und nicht zu hinterfragen. Ein energiesparender Weg für das Gehirn führt über die Anpassung der kognitiven Strukturen an das kollektive Konstrukt (Schule) und so wird dieses zu einem Teil der subjektiven und als objektiv empfundenen Realität (vgl. Hejl, 1992, S. 125). Der Umstand, dass jedes psychische System seine über Jahrzehnte aufgebaute Wirklichkeitskonstruktion in Bezug auf das Bildungssystem zu einem nicht unerheblichen Teil in Frage stellen bzw. neu konstruieren müsste, lassen einen langwierigen und schwerfälligen Paradigmenwechsel im Bildungssystem erwarten. Besonders weil diese Wirklichkeit bei vielen Individuen mit einem ontologischen Anspruch zur Wahrheit der allgemeingültigen, objektiven *Realität* konstruiert wurde. Um einer alternativen Wirklichkeit nachhaltige Pertubationskraft zu verleihen, wird im Folgenden zu einer radikalen Maßnahme gegriffen, indem das bestehende *Schulgebäude* und alle ihm zugrundeliegenden Annahmen über die Viabilität in Bezug auf das Gebäude selbst, die organisatorischen Strukturen, Inhalte, Methodik und Didaktik vollständig eingerissen werden muss. Was bleibt, ist ein leerer Raum und Zeit: Raumzeit. Das Konstrukt des Gebäudes muss von Grund auf neu aufgebaut werden. Berücksichtigt können dadurch Erkenntnisse aus verschiedenen Bereichen, die bisher nicht in die Vorstellung von Schule eingebaut wurden, weil sie keine kohärente Struktur, sondern Widersprüche erzeugten.

Das bedeutet, dass durch eine *evolutionäre Haltung* auch eine Atmosphäre geschaffen werden kann und muss, die eine freie Äußerung von Bedarfen ermöglicht, ohne Angst vor Bloßstellung oder Ausgrenzung. Um in dem individualistischen System des Konstruktivismus auf Wirkungen im zwischenmenschlichen System zu kommen, liefert Luhmann den hilfreichen systemischen Erklärungsansatz der *strukturellen Kopplung* (Koevolution) zwischen psychischen Systemen und ihren Umwelten (vgl. Simon, 2006, S. 78–82). Zwar reagiert ein System strukturdeterminiert und von außen nicht vorhersehbar, jedoch lassen sich von außen Veränderungen (ungezielt) induzieren. Jede Veränderung des inneren Systems hat immer auch eine Veränderung seiner Umwelten zur Folge, genau wie jede Veränderung der Umwelten eine Wirkung auf das innere System hat. Ob dies einen Entwicklungsprozess (Lernprozess) hervorruft (Akkommodation) oder in die bestehenden Strukturen assimiliert wird, ist wiederum abhängig von der internen Struktur bzw. Funktionslogik (vgl. Simon, 2006, S. 78). Humberto Maturana hat mit dem Begriff der *strukturellen Kopplung* die Möglichkeit geschaffen auch andere autopoietische Systeme als Umwelten zu betrachten. Ihre dynamische Wirkung aufeinander bildet eine koevolutive Einheit, welche je nach Festigkeit der Kopplung unterschiedlich stark wirkt, aber in ihrer Existenz zu berücksichtigen ist. Während das organische System (Organismus) und psychische System (Geist) als fest gekoppelt verstanden werden (Körper und Geist untrennbar), so ist die Kopplung von psychischen und sozialen Systemen in ihrer Festigkeit kontextabhängig. Der Mensch als psychisches System ist „…meist fester mit den Kommunikationsmustern seiner Herkunftsfamilie gekoppelt als mit denen von Organisationen" (Simon, 2006, S. 81). Die Studierenden als autopoietische, psychische Systeme werden also nicht losgelöst (isoliert) von ihren Umwelten (Soziales System = Kommunikation mit Dozierenden, Tutor*innen und anderen Studierenden) betrachtet, sondern als System-Umwelt-Einheiten im Kontext einer Koevolution (vgl. Simon, 2006, S. 82). Im Sinne dieser Verknüpfung lässt sich der positive Aspekt einer evolutionär geprägten Atmosphäre begründen.

3.8 Lernen (heisst) Leben

Der Mensch als lebendes, autopoietisches System muss wie jedes lebende System (auch Einzeller) lernen, da er sonst stirbt. Sein Überleben ist an seine Lernfähigkeit gekoppelt (vgl. Hüther, 2016, S. 19). Der Lernprozess, also auch die Ausbildung der Lernfähigkeit, beginnt ab der Geburt im Säuglingsalter. Um mit der überwältigenden Masse an potenziell pro Sekunde wahrnehmbaren Elementen (10^6) der Umwelt nicht überfordert zu sein, werden im Gehirn Wahrnehmungsfilter angelegt. Diese Filter bilden Strukturen, durch die das kognitive System in der Lage ist, mit gerade einmal 5–9 tatsächlich verarbeiteten Elementen ein Zurechtkommen in der Welt sicher zu stellen. Die physischen und chemischen Umweltreize werden von den Sinnesorganen und den dort anliegenden Sinnesnervenzellen über das Nervensystem in Form eines neuronalen Codes (periphere Codierung) an die zuständigen Regionen im Gehirn übermittelt. Die Beschaffenheit der neuronalen Signale gibt keinerlei Auskunft über deren Herkunft und Beschaffenheit, lediglich die Dynamik der Frequenz ihrer elektrischen Entladung wird übermittelt und gibt damit Informationen über die Intensität weiter (vgl. Roth, 1997, S. 93). Indem durch Wiederholungen einem Erlebnis ein bestimmtes Erregungsmuster zugeordnet wird, auf welches mit einem bestimmten Reaktionsmuster passend reagiert werden kann, entsteht im Laufe der Entwicklung ein Gedächtnisspeicher. Mit Hilfe dieses Gedächtnisspeichers ordnet das Gehirn die über das Nervensystem übermittelten Erregungsmuster passenden Erlebnissen, Bildern, Geräuschen, usw. zu und assimiliert so die Umweltreize seiner Wahrnehmung. In dem Moment, wo das Gehirn einem neuen Erregungsmuster keinem passenden Konstrukt im Gedächtnisspeicher zuordnen kann, muss es seine kognitiven Strukturen durch Akkommodation verändern bzw. erweitern. Das Gehirn strebt nach energieschonender Kohärenz, das bedeutet, dass es mit den etablierten Strukturen möglichst energiesparend das Zurechtkommen in der Welt zu gewährleisten sucht. Gelernt wird also nur das, was von Bedeutung für das Individuum ist und bedeutsam ist das, „... was es daran hindert, so zu bleiben, wie es ist" (Hüther, 2016, S. 44) oder was von dem psychischen System als wirklich wichtig erachtet wird. Besonders nachhaltig wird das gelernt, was für das Individuum emotional aufgeladen ist (vgl. Hüther, 2016, S. 62). Da die kognitiven Strukturen bei jedem Individuum als psychisches System unterschiedlich angelegt sind, ist die Zuschreibung von Bedeutsamkeit auch entsprechend subjektiv. Was für das Individuum nicht von Bedeutung ist, wird auch nicht nachhaltig gelernt (vgl. Hüther, 2016, S. 45), da es nicht zur Freisetzung neuroplastischer Botenstoffe im Gehirn führt. Diese sind für eine nachhaltige, strukturelle Verankerung von Erweiterungen oder Neuzusammensetzungen des neuronalen Netzwerks (Akkomodation) unabdingbar (vgl. Hüther, 2016, S. 62). Für das Lernen von Inhalten lassen sich drei unterschiedliche Arten der emotionalen Aufladung unterscheiden. Da wäre zum einen die Beziehung zu der Person: Indem der Person, von der etwas gelernt wird, eine hohe Bedeutung beigemessen wird, gewinnt auch der Lerninhalt an Bedeutung. Besonders bei Kindern in ihrer Beziehung zu ihren Eltern oder Geschwistern ist dies erkennbar. Die wohl bekannteste Möglichkeit einen Lerninhalt emotional aufzuladen, kann durch extrinsische Belohnung oder Androhung von Sanktionierung erreicht werden und wird im etablierten Bildungssystem praktiziert. Hier wird der Lerninhalt zu einem Nebenprodukt, da vorrangig erlernt wird, eine Belohnung zu erlangen oder eine Bestrafung zu vermeiden. Für diese Arbeit entscheidend ist eine dritte Möglichkeit Lerninhalte emotional aufzuladen. Hierbei handelt es sich um die rein intrinsische Motivation, welche durch die Emotionen entsteht, die direkt an den Lerninhalt gekoppelt sind, da dieser mit den individuellen Werten[7], Bedarfen und Stärken der Lernenden (den psychischen Systemen) korreliert (vgl. Hüther, 2016, S. 63). Dietmar Hansch unterteilt in seinem Motivationsmodell die menschliche Motivation in das primäre Motivationssystem und das sekundäre Motivationssystem. Das primäre System sichert das Überleben in dem es auf Bedürfnisse wie Hunger, Durst oder dem Wunsch nach Anerkennung Antriebe generiert, welche helfen die Bedürfnisse zu stillen. Während das primäre Antriebssystem (etwas zu tun/lernen) auf die Pertubationen der Umwelt mit Anpassung reagiert, um durch das Einhalten von inneren Soll-Größen (ausreichend Essen, Schlaf, Sexualtrieb und Fortpflanzung, etc.) einen Spannungsabbau zu erzeugen, zielt das sekundäre Antriebssystem auf eine positive Verstärkung des Kohärenzgefühls ab (vgl. Hansch, 2008, S. 131 ff.). Der Begriff Kohärenz definiert sich im Kontext dieser Arbeit wie folgt:

> „Verstehbarkeit: Die Fähigkeit, dass man die Zusammenhänge des Lebens versteht – die Fähigkeit des Subjektes, die Ereignisse und Verläufe des eigenen Lebens trotz ihrer oftmals widersprüchlichen und verwickelten Strukturen in einem (Lebenskontinuität vermittelnden) Ordnungsrahmen zu sortieren und so in einem übergreifenden biografischen Zusammenhang zu stellen.
>
> Handhabbarkeit: Die Überzeugung, dass man das eigene Leben gestalten kann – das optimistische Vertrauen, die Veränderungen, Herausforderungen und Umbrüche des Alltags mit den verfügbaren personalen und sozialen Ressourcen bewältigen zu können.
>
> Sinnhaftigkeit: Der Glaube, dass man dem Leben einen Sinn geben kann – ein Gefühl der Sinnhaftigkeit und des Lebensgelingens, das sich vor allem dort einstellt, wo es dem Subjekt gelingt, Selbstansprüche und Identitätsziele in Lebensprojekte zu übersetzen, die ihm die Erfahrung authentischer (Selbst-) Wertschätzung vermitteln." (Herrmann, et al., 2007, S. 23–24)

Viktor Frankl beschreibt Sinn als etwas, das für den Menschen bedeutungsvoll und wertvoll ist. Ein sinnerfülltes Leben ergibt sich somit aus der Verwirklichung von Werten. Eine Verstärkung des Kohärenzgefühls ist demnach durch einen Zugewinn an Komplexität der

[7] Wert meint hier: „…ein persönlich erstrebenswerter Zustand, der […]im Leben wirklich wichtig und wesentlich ist" (Herrmann, et al., 2007).

Fähigkeiten und des Wissens möglich, welche auf den individuellen Werten beruhen (vgl. Herrmann, et al., 2007, S. 25). Lerninhalte, die nicht von Bedeutung sind, also keinen Sinn erfüllen, da sie für das Individuum keinen Wert besitzen und entsprechend nicht emotional aufgeladen sind, werden weder intrinsisch motiviert noch nachhaltig gelernt (vgl. Hüther, 2016, S. 62). Werte, Wünsche und Ziele wirken als Attraktoren, welche auf bestimmte Lerninhalte reagieren und diese quasi aus der Masse an Wahlmöglichkeiten herausfiltern. Sobald das Individuum etwas tut (lernt), das den eigenen Werten, Wünschen oder Zielen (Lebensmaximen) widerspricht, macht sich das durch ein Erleben von Inkohärenz bemerkbar (vgl. Hansch, 2008, S. 38 ff.). Im Gegenzug kommt es bei einer Übereinstimmung der individuelle Werte mit den Lerninhalten zu einer wie in Abbildung 9 dargestellten positiven Rückkopplung an das Gehirn.

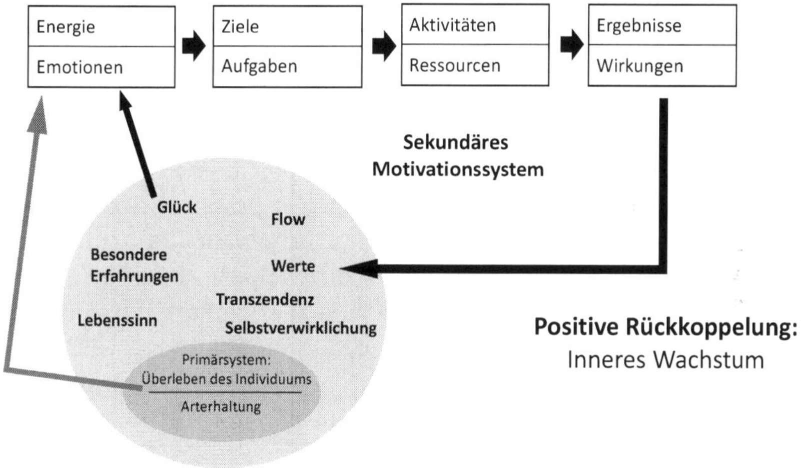

Abb. 9: Darstellung des Wirkungsprinzips des sekundären Motivationssystems (vgl. Hansch, 2008) aus Gerhard Huhn Präsentation-Flow

Das Gehirn nimmt diese Entwicklung als eine Steigerung des Qualitätsniveaus des Überlebensprozesses war. Die daraus resultierenden positiven Emotionen verstärken den Antrieb weiteres Wissen und Fähigkeiten zu erlernen. Dietmar Hansch beschreibt diesen sich verstärkenden Prozess der Selbstverwirklichung, durch den Zugewinn an Komplexität des Selbsts durch Lernprozesse (vgl. Csikszentmihalyi, 1990, S. 75) als Psychosynergetik und schließt mit seinen Postulaten zu den Wirkungsprinzipien an die Arbeiten von Hermann Haken, dem Begründer der Synergetik, an (vgl. Hansch, 2008, S. 26).

3.9 Humanistische Psychologie

Damit der Mensch als psychisches System sich dem eigenen Selbst und damit der Verwirklichung von individuellen Werten, Wünschen und Zielen (sekundäre Motivation) widmen kann, um daraus ableitend aus sich heraus entsprechende Lernziele zu formulieren, müssen bestimmte Grundbedürfnisse (primäre Motivation) befriedigt sein. Hier liefert die humanistische Psychologie einen hilfreichen Orientierungsansatz. Sie bewegt sich in ihrem Grundverständnis über die menschliche Natur diametral zum Behaviorismus[8] und unterstellt dem Menschen als psychisches System ein positives Wesen, das weder primär bösartig ist, „...noch darauf angelegt ist, durch äußere Reize konditioniert zu werden (wie es der Behaviorismus postuliert)" (Hinte, 1980, S. 49). Abraham H. Maslow gehört, mit Carl Rogers und Erich Fromm, zu den Begründern der humanistischen Psychologie und hat mit der Bedürfnispyramide, welche die Hierarchie der menschlichen Grundbedürfnisse nach ihrer Priorität stuft, eine anerkannte und plausible Motivationstheorie konstruiert. Nach dieser in Abbildung 10 dargestellten Bedürfnispyramide wird eine als erstrebenswert empfundene Zukunft von dem aktuell dominierenden, da nicht befriedigten Bedürfnisensemble determiniert. So ist für ein Individuum, das hungert, zuallererst eine Zukunft erstrebenswert, in der es nicht an Nahrung mangelt. Kultur, Selbstverwirklichung, Freiheit oder Philosophie werden als unwichtig empfunden (vgl. Maslow, 1981, S. 64 ff.). Erst ab der

[8] Behaviorismus wurde u. a. von Iwan Pawlow und B. F. Skinner vertreten und postuliert eine Notwendigkeit die menschliche Natur zu konditionieren, um eine gesellschaftliche Teilhabe zu ermöglichen.

fünften Stufe, wenn alle Grundbedürfnisse gestillt sind, ist eine Fokussierung auf das Selbst und die individuellen Werte, Wünsche und Ziele möglich.

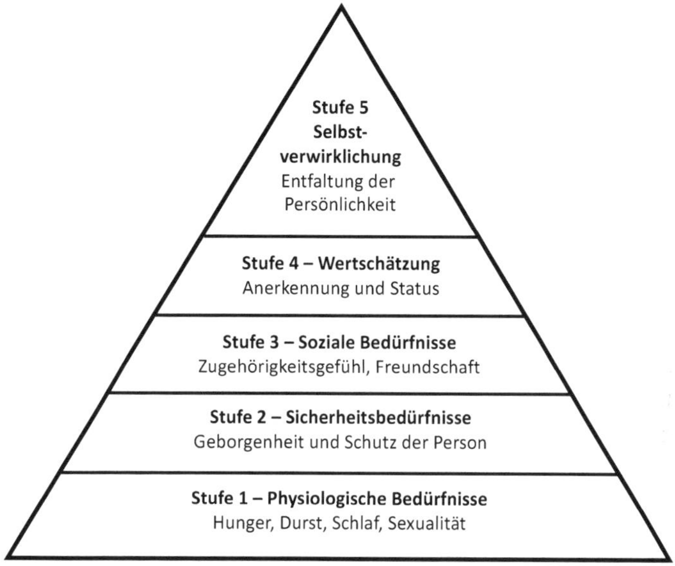

Abb. 10: Bedürfnispyramide nach Maslow

- Stufe 1: Die physiologischen Bedürfnisse

Maslow beschreibt die physiologischen Bedürfnisse als „…die mächtigsten unter allen" (Maslow, 1981, S. 63). Hierzu zählen u.a. Hunger, Durst und Sexualtrieb. Wenn alle Grundbedürfnisse unbefriedigt sind, es also an Nahrung, Sicherheit, Liebe und Wertschätzung mangelt, werden alle Ressourcen und Fähigkeiten in den Dienst der Hungerbefriedigung gestellt. Alle anderen Bedürfnisse werden für die Zeit der Hungerbefriedigung verdrängt (vgl. Maslow, 1981, S. 63 f.).

- Stufe 2: Sicherheitsbedürfnisse

Sobald die physiologischen Bedürfnisse gestillt sind, treten die Sicherheitsbedürfnisse an ihre Stelle. Zu ihnen zählt das Bedürfnis nach Sicherheit, Stabilität, Geborgenheit, Schutz, Angstfreiheit, Struktur usw.

Genau wie die physiologischen Bedürfnisse können die Sicherheitsbedürfnisse alle anderen in den Hintergrund stellen und alle Fähigkeiten und Ressourcen des menschlichen Wesens in seine Dienste stellen (vgl. Maslow, 1981, S. 66).

- Stufe 3: Soziale Bedürfnisse

Sind physiologische- und Sicherheitsbedürfnisse gestillt, rücken Liebe, Zuneigung und Zugehörigkeit in den Mittelpunkt. Während auf Stufe 1 oder 2 diese Bedürfnisse mitunter als lächerlich oder als unnötiger Luxus abgetan wurden, werden sie auf dieser Stufe zum dominierenden Bedürfnis. Ohne ein Gefühl der Gruppenzugehörigkeit treten Empfindungen wie Einsamkeit, Ächtung, Isolierung oder auch Zurückweisung in den Vordergrund und verlangen nach einer Lösung (vgl. Maslow, 1981, S. 71).

- Stufe 4: Bedürfnis nach Wertschätzung und Achtung

Das Bedürfnis nach Wertschätzung und Achtung der eigenen Person durch seine Umwelt, ist bei Befriedigung dieses Wunsches das Fundament für Selbstachtung und Selbstvertrauen. Der Mensch als psychisches System fühlt sich dann stark, nützlich und notwendig für seine Umwelt. Ist dieses Bedürfnis nicht befriedigt, führt dies zu Minderwertigkeitsgefühlen, mentaler Schwäche und Hilflosigkeit (vgl. Maslow, 1981, S. 73).

- Stufe 5: Selbstverwirklichung

Erst mit Erreichen dieser Stufe ist das Individuum als psychisches System frei vom Ballast der primären Motivation einen Mangel (Stufe eins bis vier) auszugleichen und es tritt das Bedürfnis nach innerem Wachstum in den Fokus der Motivation (vgl. Maslow, 1981, S. 193).

Jede der Stufen ist in ihrer Bedeutung bzw. Form der Befriedigung der Bedürfnisse für jedes Individuum individuell zu betrachten. So werden Individuen durch unterschiedliche Mengen und Inhaltsstoffe (Proteine, Kohlenhydrate) von Nahrung satt. Sicherheit kann genauso individuell empfunden werden wie Zuneigung, Zugehörigkeit oder Wertschätzung. Manche Individuen fühlen sich in größeren Gruppen besonders sicher, andere empfinden hier besondere Unsicherheit und Angst. Der Hierarchie der Grundbedürfnisse folgend sind die Unterschiede der Bedürfnisse von Individuum zu Individuum auf der Stufe der Selbstverwirklichung am größten (vgl. Maslow, 1981, S. 74). Was sich plausibel auf die Strukturdeterminiertheit von psychischen Systemen zurückführen lässt (vgl. Simon, 2006, S. 53).

3.10 Flow

Sind die primären Bedürfnisse gestillt und der Wunsch nach Sinn, Glück und Selbstverwirklichung der dominierende, so führt „...jedes Gelingen eines Vorhabens, jedes Verstehen von zunächst unklaren Zusammenhängen [...] zu einer Verstärkung, einer positiven Rückkopplung. Die damit verbundenen Gefühle von Stolz, Freude, Glück veranlassen [...], die Tätigkeit weiter fortzusetzen" (Herrmann, et al., 2007, S. 33). Diesen Vorgang und dieses Erleben beschreibt Mihaly Csikszentmihalyi in seiner Flow-Theorie als optimale (Lern-)Erfahrung bzw. Zustand (vgl. Csikszentmihalyi, 1990, S. 18). Dieser Zustand ist gekennzeichnet von dem Gefühl der Zeit- und Selbstvergessenheit, auch Befindlichkeiten wie Hunger, Angst oder Stress werden ignoriert und teilweise gar nicht mehr wahrgenommen. Indem sich das Individuum vollständig mit der Handlung verbindet, sein ganzes Sein involviert und seine Fähigkeiten bis zum Äußersten nutzt, gelingt der Eintritt in den optimalen Zustand intrinsischer Motivation, den Flow-Zustand (vgl. Herrmann, et al., 2007, S. 35). Das kognitive System des psychischen Systems bewertet die aktuelle Handlung (egal ob aktiv oder passiv) als viabel und übereinstimmend mit dem Wertesystem. Csikszentmihalyi erforschte diesen Zustand über Jahre weltweit mittels Interviews[9] und der von ihm und seinem Team entwickelten Methode[10] (ESM-experience sampling method) für die Messung der

---

[9] Csiszentmihalyi führte Anfangs mit einigen hundert erfolgreichen Sportler*innen (Bergsteiger*innen, Tänzer*innen, Schachmeister*innen), Ärzt*innen und Chirurg*innen und weitetete diese Gruppe später aus (vgl. Csikszentmihalyi, 1990, S. 19).

[10] Die ESM-Technik: Ein untersuchtes Individuum bekommt für eine Woche ein elektronisches Gerät welches in unregelmäßigen Abständen ein Signal (Summen) sendet. Sobald das Signal erscheint, schreibt das untersuchte Individuum auf was es gerade denkt und wie es sich fühlt. Inzwischen wurden über hunderttausend solcher Querschnitte aus der ganzen Welt gesammelt und entsprechend ausgewertet (vgl. Csikszentmihalyi, 1990, S. 20)

Qualität subjektiver Erfahrung. Dabei berichteten die Menschen, welche häufig Flow Erfahrungen machten, immer wieder Ähnliches:

- Einen deutlichen Zuwachs an Selbstmotivation, erhöhte Konzentrationsfähigkeit, größere geistige Flexibilität und Kreativität, Erhaltung und Steigerung der Lernbereitschaft und Lernfähigkeit, eine deutliche Verstärkung des eigenen Kompetenzerlebens und der eigenen Stärken, uvm.

Auch die Voraussetzungen für Flow-Erfahrungen ließen sich anhand der Forschung herausarbeiten. Dazu zählt:

- Ein klares, anspruchsvolles, aber erreichbares Ziel: Das Ziel sollte so gewählt sein, dass die benötigten Fähigkeiten (Wissen) für das Erreichen etwas über den bereits erlangten Fähigkeiten liegen.
- Konzentration der Aufmerksamkeit auf ein bestimmtes Feld: Jede Form der Ablenkung oder ein zu hohes Aufkommen an Informationsreizen, stören die Flow-Erfahrung bzw. verhindern sie.
- Kontinuierliches Feedback: Bereits im Tun wird deutlich, ob das Erlebte passend ist. Dies führt zu einer positiven Rückkopplung.
- Schaffen und Erhalten einer Balance zwischen Herausforderung und Bewältigungsfähigkeit: Ist die Herausforderung zu groß, entsteht Angst, Frustration und Stress. Setzt Routine ein, droht Langeweile, wobei das Verlassen des Flow-Kanals in beide Richtungen potenziell in eine Depression führen kann.

Elementarformen des Flow-Zustandes lassen sich bereits bei einfachen Alltagsaktivitäten erleben, wie beispielsweise dem Weg zur Arbeit, beim Abwaschen oder Wäsche zusammenlegen (vgl. Hansch, 2008, S. 19). Hieraus entsteht aber nicht unbedingt eine Verstärkung des Kohärenzgefühls, trotzdem kann es zu einer positiven Rückkopplung kommen, wenn das Zusammenlegen der Wäsche besonders schnell und gut gelungen ist. Intensive Flow-Erfahrungen werden dann wahrgenommen, wenn komplexe Aufgaben durchgeführt und schwierige

Herausforderungen gemeistert werden. Die sich daraus zwangsläufig ergebende höhere Komplexität des Selbst wird als intensive Verstärkung des Kohärenzgefühls wahrgenommen. Durch eine optimale Verbindung wertebasierter Herausforderungen und den individuellen Fähigkeiten, wird das Qualitätsniveau des (Über)Lebens gesteigert bzw. optimiert. Dies wird mit dem Kohärenzgefühl angezeigt, was den Drang auslöst, diese Erfahrung zu wiederholen (vgl. Herrmann, et al., 2007, S. 36). Darstellen lässt sich der Flow und für ihn notwendigen Parameter in Form eines dreidimensionalen Flow-Raums wie er in Abb. 11 zu sehen ist.

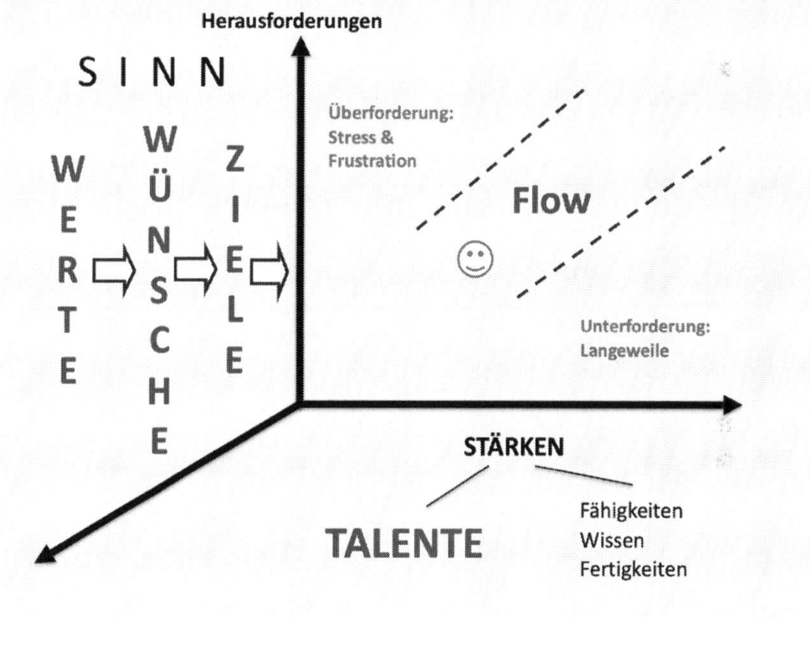

Abb. 11: 3D-Flow-Raum (vgl. Gerhard Huhn)

Wie in Abbildung 12 dargestellt lauern oberhalb und unterhalb der Flow-Kanals Gefahren, die jeweils über unterschiedliche Empfindungen der Langeweile oder Überforderung letztlich in Apathie bzw. einer Depression enden können (vgl. Herrmann, et al., 2007, S. 39).

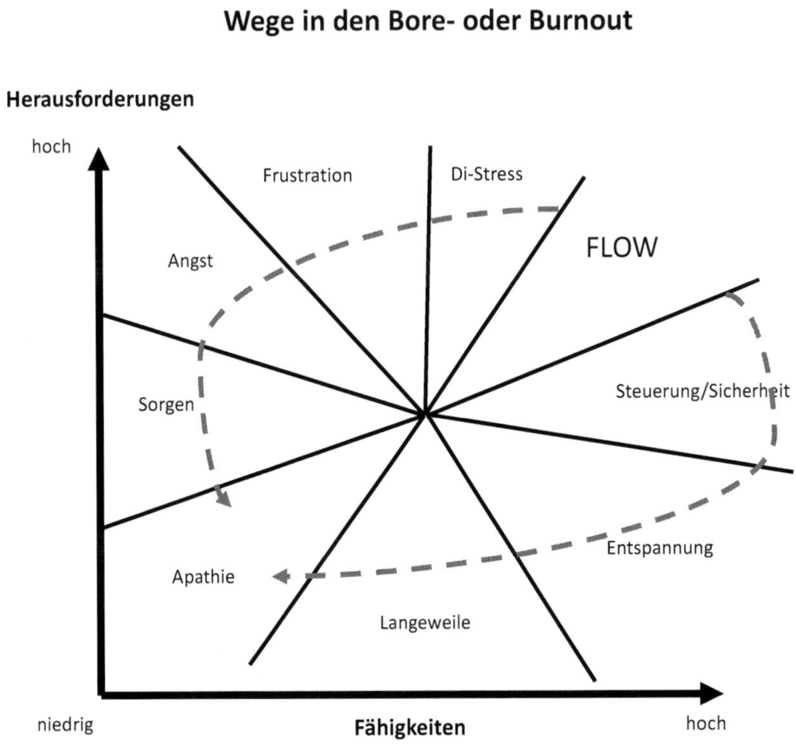

Abb. 12: Darstellung der Gefahren außerhalb des Flow-Kanals

Bewegt sich das Individuum im Flow-Kanal, basierend auf den eigenen Werten, Wünschen und Zielen, in Kombination mit den eigenen Stärken, herrscht Ordnung im Bewusstsein.

4 Evolution und Bildung

Der Begriff Evolution hat seinen Ursprung in der Biologie, Natur- und Kulturgeschichte und meint eine eher langsame Entwicklung zu komplexeren Formen im physikalisch-chemischen, biologischen und kulturellen Bereich. Evolution wird häufig mit Darwin und seinen Beiträgen zur Evolutionstheorie in Verbindung gebracht.

Darwin machte vor allem drei Faktoren für Evolution verantwortlich: die Variation, die Auslese und die Anpassung.

Variation bedeutet, dass die Weitergabe des Erbmaterials von einer Generation an die nachfolgende von Mutationen und Unregelmäßigkeiten betroffen ist und somit die Exaktheit der Wiedergabe stören. Die Störungen und die Veränderungen, die sie verursachen, werden als zufällig, unvorhersehbar und unsystematisch betrachtet (vgl. Glasersfeld, 1992, S. 23).

Die Auslese bezieht sich auf die Überlebensfähigkeit eines Systems auf Grundlage seiner Fähigkeiten im Kontext zu den es umgebenden Umwelten. Eine natürliche Auslese findet statt, indem eben jene Systeme überleben, deren Fähigkeiten den Bedingungen ihrer Umwelten gewachsen sind. So werden beispielsweise Pferde in freier Wildbahn, die nicht schnell genug vor Raubtieren weglaufen können, in einer Herde ihr Erbgut weniger weitergeben können als jene mit besseren Lauffähigkeiten. Dieser Umstand erhöht die Wahrscheinlichkeit, dass die Herde allgemein schneller wird. Es bedeutet jedoch nicht, dass Schnelligkeit eine notwendige Fähigkeit ist, um als Wildpferd zu überleben. So wäre ein Pferd, das gelernt hat, sich mit seinen Vorderhufen gegen Raubtiere zu wehren ebenso überlebensfähig. Dem steht die künstliche Auslese gegenüber, bei der beispielsweise ein*e Züchter*in nur Pferde mit gewünschten Merkmalen sich fortpflanzen lässt. So erhöht sich die Wahrscheinlichkeit, dass sich die anfangs im Erbgut nur als Ausnahme entstandenen Mutationen im Erbmaterial festigen (vgl. Glasersfeld, 1992, S. 24).

Im Kontext der Evolutionstheorie meint der Begriff der Viabilität, dass ein System im Kontext der Bedingungen seiner Umwelten überlebensfähig ist. Hierfür ist jedoch nie eine vordefinierte Art und Weise gemeint, welche erreicht werden soll, um das Bestehen des Systems in seiner Umwelt zu ermöglichen. Hat sich ein System als viabel erwiesen, dann hat es aus einer Auswahl unzähliger Möglichkeiten zum Überleben in der Umwelt passende Eigenschaften und Verhaltensweisen entwickelt (vgl. Glasersfeld, 1992, S. 25). Während im Kontext der Genetik eine unpassende Kombination von Fähigkeiten bzw. Eigenschaften und Umwelten zum Aussterben des Systems führt, ist in Bezug auf das Individuum als System jeder Fehler (solange er nicht tödlich ist) eine Möglichkeit die Überlebensfähigkeit als auch die Qualität des Überlebens zu ändern oder gar zu verbessern (vgl. Glasersfeld, 1992, S. 27).

Übersetzt auf den menschlichen Entwicklungsprozess bedeutet dies, dass sich die inneren Strukturen (Variationen) den sozialen Systemen (Umwelten) anpassen müssen, um zu überleben bzw. zu bestehen. Begibt sich ein Mensch in ein Land, in dem eine Sprache gesprochen wird, die er nicht beherrscht, so wird er sich den neuen Bedingungen dieser Umwelten anpassen müssen, um dort zu bestehen bzw. zu überleben. Wie er dies tut, ist nicht vorgegeben und es existiert auch kein einzig wahrer, richtiger Weg, den es zu beschreiben oder zu entdecken gilt. Wenn er nicht verhungern möchte, muss er an Nahrung gelangen, ob er die Sprache lernt und dann einer Arbeit nachgeht, sich mit Händen und Füßen verständigt, klauen geht, in der Natur nach Essen sucht, all dies sind Möglichkeiten und solange sie das Überleben sichern, sind sie viabel. Wenn sich der Mensch beispielsweise entscheidet die Sprache des Landes zu lernen, eröffnet sich auch hier breites Spektrum an Möglichkeiten, wie er dies bewerkstelligen kann.

Regelschulen, welche auf das Überleben bzw. Bestehen in der Gesellschaft vorbereiten sollen, vollziehen demnach eine künstliche Auslese, wenn sie die Studierenden einer Umwelt aussetzen, welche universell determinierte Fähigkeiten und Handlungen einfordert, bzw. voraussetzt. Also eine bestimmte Art der Anpassung verlangt, um in diesem (Bildungs-)System zu bestehen. Hierbei werden die inneren Strukturen der Studierenden und die Vielzahl an Möglichkeiten viabler Überlebenseigenschaften und deren mögliche Ausbildung meist übergangen und die Vielfalt kaum thematisiert.

- Evolutionäre Schule

  Eine *evolutionäre Schule* wäre dem folgend als Raum zu verstehen, der es den Studierenden ermöglicht Eigenschaften und Fähigkeiten basierend auf ihren inneren Strukturen auszubilden, um so ihre individuelle Viabilität im Kontext des gesellschaftlichen Lebens auszubauen. Schule wird so zu einem Ort, an dem Fehler als Teil eines natürlichen Entwicklungsprozesses betrachtet werden und somit die individuellen Fähigkeiten ausgebildet werden können, um in der Gesellschaft zu bestehen. Sie müsste eine absolute Offenheit in Bezug auf Fähigkeiten oder deren Ausbildung aufweisen, um in dem System Schule und der Gesellschaft *erfolgreich* zu sein. Da sich die Studierenden und ihre Umwelten als autopoietische Systeme ständig verändern, muss die Schule ein Ort sein, der sich laufend an diese Bedingungen anpassen kann.

  Eine evolutionäre Schule ist damit in Bezug auf die passenden Rahmenbedingungen und Strukturen selbst permanent in einem Entwicklungsprozess. Ihre Entwicklung passt sich dabei den Bedingungen ihrer Umwelten an, vorrangig dabei den Studierenden. In diesem Zusammenhang bedeutet dies nicht nur, dass keine festgelegten Rahmenbedingungen und Vorgaben vorgesetzt werden, sondern auch die Art, wie das Lernen, die Rahmenbedingungen, also die Schule stattfindet, sich für das Individuum entwickelt und jederzeit weiterentwickeln kann.

- Evolutionäre Haltung

  Bei diesem Prozess sind die Begleiter*innen ebenfalls einer Entwicklung unterworfen. Eine *evolutionäre Haltung* bedeutet sich dieser Grundsätze bewusst zu sein, sich also auch permanent in Bezug auf Lernansätze und Rahmenbedingungen, aber vor allem in der eigenen Haltung zu entwickeln und für diese Entwicklung offen zu sein, wobei neben der eigenen Persönlichkeit auch die einzelnen Individuen und ihre Bedarfe hierfür Orientierung geben.

5 Utopie und Gelingen evolutionärer Bildung

Betrachtet durch die Brille der bisherigen Erkenntnisse dieser Arbeit erscheint das etablierte Bildungssystem mit seinen einheitlichen Lehrplänen, großen Klassenverbänden, inhaltlichen Vorgaben, Leistungskontrollen, Sanktionierungs- und Konditionierungsansätzen nicht viabel, um einer Persönlichkeitsentwicklung und individuellen Potentialentfaltung den nötigen Raum zu bieten. Es mag einigen Individuen gelingen im Bildungssystem zu bestehen und auch Freude am Lernen zu empfinden, für viele andere wird Lernen so jedoch zur Last und sie verlieren die Lust daran. Der Weg für ein glückliches und erfülltes Leben wird so schon früh verbaut. Auf gesellschaftlicher Ebene weist ein sich ausweitender Fachkräftemangel und der damit einhergehende Verlust globaler Konkurrenzfähigkeit international operierender Unternehmen die Konsequenzen eines unzeitgemäßen Bildungssystems auf (Hüther, 2016, S. 10). „Wer das Lernen von außen zu lenken versucht, unterdrückt damit genau das, was das Lernen erst lebendig macht: Die Freude am Lernen – oft sogar ein Leben lang." (Hüther, 2016, S. 11) Ein Individuum, das als psychsiches System durch seine individuelle Strukturdeterminiertheit in seinem Kohärenzbestreben durch seine Umwelt so pertubiert wird, dass es um Energie zu sparen eher in psychischer Entropie verharrt als in optimale (Lern-)Erfahrungen (Flow) zu gelangen, wird von den Bedürfnissen unterhalb der Stufe der Selbstverwirklichung gefangen gehalten (vgl. Maslow, 1981, S. 74) oder es droht im sozialen System einer Schulklasse mit der Durchsetzung seiner eigenen wertebasierten Bedürfnisse *negativ* aufzufallen (aus der Reihe zu fallen) und riskiert die Gefahr der sozialen Isolation.

Hier steht die im Bildungssystem mehr dem Behaviorismus zugewandte Haltung der Konditionierung und ihre Betrachtung von Individuen (Schüler*innen) als eher triviale Systeme (geradlinige Kausaltität) im Widerspruch zu den Erkenntissen der Psychologie, Lern- und Hirnforschung (vgl. Hüther, 2016, S. 64 ff.). Psychische Systeme sind sind wie schon beschrieben strukturdetermiert. Als autopoietische Systeme verhalten sie sich immer selbstbezogen und innengesteuert. Sie sind autonom und reagieren im Sinne eines nichttrivialen Systems in keiner geradlinigen Kausalität von Ursache und Wirkung. Reize aus ihrer Umwelt lösen lediglich einen nicht berechenbaren, auf den internen Strukturen beruhenden Verhaltensprozess aus (vgl. Simon, 2006, S. 53).

Die Kritik am Bildungssystem und dem ihm zugrundeliegenden Annahmen der Fremdvermittlung von Inhalten und Kompetenzen ist aber auch nicht neu. JaquesRanciére erinnert mit „Der unwissende Lehrmeister" (Ranciére, 1987) an die bereits 1818 von Joseph Jacotot proklamierte Losung der intellektuellen Emanzipation und die Gleichheit der Intelligenzen. Seine Methode des *universellen Unterrichts* verzichtet vollständig auf die Notwendigkeit eines*r (es besser wissenden und Wissen vermittelnden) Lehrmeisters*in und sieht, im Gegenteil, die Gefahr der Verdummung durch das klassische Erklärprinzip im Lehrer*in – Schüler*in Verhältnis (vgl. Ranciére, 1987, S. 17). Indem Wissen erklärt wird bzw. im Versuch es zu vermitteln, werden Lernende von der Verantwortung befreit die eigene Intelligenz zu nutzen. Stattdessen wird lediglich wiederholt und auswendig gelernt, was andere für einen bereits erlernt haben, es wird also nur die Intelligenz und der Pfad der Erkenntnis der Lehrenden nachvollzogen. Lernende werden so ihre gegebene Intelligenz nutzen, um zu erlernen, dass nur mit Erklärungen richtig gelernt werden kann, anstatt zu erfahren, wie man eigenständig zu Wissen und Erkenntnis erlangen kann (vgl. Ranciére, 1987, S. 18). Ranciére bringt es auf den Punkt, als er sagt „...dass man unterrichten kann, worin man unwissend ist, wenn man den Schüler emanzipiert, das heißt, wenn man ihn zwingt, seine eigene Intelligenz zu gebrauchen" (Ranciére, 1987, S. 25). Verdummung ist für ihn, wenn Lehrende mit der Haltung unterrichten, dass Studierende nur durch Erklärungen lernen, nicht durch sich selbst (vgl. Ranciére, 1987, S. 23).

Inspiriert von der humanistischen Psychologie veröffentlichte Wolfgang Hinte 1980 sein Konzept der non-direktiven Pädagogik, dessen Anliegen darin besteht, Lernprozesse im institutionellen und außerschulischen Bereich von erzieherischer Lenkung und Vereinnahmung zu befreien (vgl. Hinte, 1980, S. 91–94). Das Konzept war auch der Versuch zwischen der konventionellen Pädagogik und der Antipädagogik zu vermitteln. Non-direktive Pädagogik setzt auf einen Vertrauensvorschuss seitens der Professionellen den Adressaten gegenüber: Ein Vertrauen in die Eigenkräfte und das Potential aus sich heraus Lösungen, Antworten oder Wege zu finden. Dies ist in Bezug auf diese Arbeit kritisch zu betrachten, da Hinte eine durchaus evolutionäre Haltung in das Wertekorsett etablierter Regelschulen presst. Ein radikaler und ganzheitlicher Ansatz wie die *evolutionäre Haltung* ist in diesem Kontext kaum konsequent umsetzbar.

Rebeca Wild setzte mit ihrem Mann 1977 ihre Vorstellung von nicht direktiver Erziehung in Ecuador in die Tat um und gründete mit „Pesta" eine alternative Schule, welche ähnlich der non-direktiven Pädagogik konsequent die Bedarfe der Adressatinnen und Adressaten in den Mittelpunkt stellte. Inspiriert von u. a. Piaget und Montessori galt für Wild:

> „Schule muss die Lebensprozesse des einzelnen Kindes respektieren, und die inneren Vorgänge beim Kind oder Jugendlichen sollten immer Vorrang vor äußeren Eingriffen in deren Lebenswelt genießen. Denn Kinder und Jugendliche müssen nicht belehrt werden, sondern brauchen nur eine Umgebung, die ihren Wachstumsprozessen entspricht, sodass sie von innen geleitet und im Austausch mit ihrer nächsten Umgebung sich zu dem entwickeln, was ihrer wahren menschlichen Natur entspricht." (Wild, 2001, S. 2)

Es gab weder formalen Unterricht, noch feststehende Programme, Noten oder Prüfungen. Trotzdem wurde die Schule von den Behörden anerkannt, was sicher durch die erkennbaren Ergebnisse ihrer Arbeit, aber auch den Erkenntnissen aus der neurobiologischen Forschung begünstigt wurde. Über 30 Jahre führte diese Schule den Beweis, dass freie, nicht-direktive Konzepte nicht nur in die Praxis übertragbar sind, sondern auch der Entfaltung der Persönlichkeit und personaler Kompetenzen förderlich sind. Nach dem Zusammenbruch der Wirtschaft in Ecuador (1999/2000) und den daraus resultierenden Herausforderungen, unter anderem waren nur noch etwa 27 Prozent der Eltern in der Lage das Schulgeld zu zahlen, schloss die Schule 2005 ihre Pforten. Die Idee lebt in Form eines alternativen Wirtschaftskonzepts (ECOSIMIA, León Dormido) weiter.

Ricardo Semmler initiierte zu Beginn der 80er Jahre erfolgreich einen radikalen Demokratisierungsprozess seines Unternehmen Semco S/A. Im Zuge der Umgestaltung des Unternehmens gründete er auch die Lumiar Schulen, welche ebenfalls auf einem radikal demokratischen Bildungsansatz beruhen. (Ricardo Semler: Radikale Weisheiten für eine Firma, eine Schule, ein Leben, 2015).

6 Ergebnis

Im Folgenden wird ein radikal evolutionärer Lernansatz und die dafür notwendigen Grundvoraussetzungen basierend auf dem Stand aktueller wissenschaftlicher Erkenntnisse (vgl. Kapitel 3) erarbeitet. Durch den Begriff *radikal*, entsteht ein deutlicher Hinweis darauf, mit welcher Konsequenz die Begriffe und der Vorschlag in eine Handlungspraxis überführt werden sollen. Die mit dem Begriff *radikal* einhergehende mögliche polarisierende Wirkung ist als Pertubation im sozialen System Gesellschaft nicht nur willkommen, sondern ausdrücklich erwünscht. Es soll als deutlicher Hinweis dafür dienen, dass sich dieses Lernkonzept mit der ihm zugrunde liegenden Haltung deutlich vom Habitus der organisierten, defizitorientierten Fremdbestimmung (vgl. Hinte, 1980, S. 94) öffentlicher Schulen und deren veränderungsresistenten Handlungsprogrammen (vgl. Christina Schwer, 2014, S. 50) abgrenzt. Radikal[11] bedeutet *an die Wurzel gehend* (lat. Radix=Wurzel) und meint im Kontext dieser Arbeit sich radikal auf sein Gegenüber einzulassen. Es steht für eine bedingungslosen Akzeptanz der möglichen Existenz anderer Wahrheiten (Realitäten) und dass diese für ihre Konstrukteure genauso real und wahrhaftig sind wie die eigene (vgl. Renner, 2019, S. 80). Nach dieser Erkenntnis kann die eigene Wahrheit nicht über die der anderen gestellt werden und *es besser zu wissen* hat nur aus Perspektive der eigenen Realität bestand. Auch wenn Teile der hier zugrunde liegenden Erkenntnisse bereits vor Jahrzehnten veröffentlicht wurden, gilt doch:

6.1 Grundvoraussetzung

Um den Aufbau einer Schule so zu gestalten, dass sie den Erkenntnissen und dem aktuellen Stand der Wissenschaft gerecht wird, müssen diese Erkenntnisse als Grundlage zur Orientierung für die Neukonstruktion dienen. Dazu zählt unter anderem auch die Betrachtung des Menschen im Sinne der humanistischen Psychologie, d. h. dem Menschen wird (sofern seine Grundbedürfnisse gestillt sind) ein positives

[11] Hiermit ist nicht ein rücksichtsloses Vorgehen oder extremistische, den demokratischen Verfassungsstaat ablehnende Haltung gemeint.

und soziales Wesen unterstellt. Aufgrund der Strukturdeterminiertheit und Anerkennung der individuellen Wirklichkeitskonstruktion wird außerdem grundsätzlich unterstellt, dass Studierende aus ihrer Perspektive heraus immer das für sie Richtige tun und nicht *böswillig* destruktiv mit ihrer Umwelt umgehen. Der Eindruck der Böswilligkeit entsteht nur von außen als Interpretation aufgrund der Strukturdeterminiertheit und aus der individuellen Wirklichkeitskonstruktion der interpretierenden Menschen heraus (vgl. Simon, 2006, S. 53). Ob Studierende Opfer oder Täter sind und ihr als negativ empfundenes Verhalten daraus resultiert, unterliegt der Beschreibung, Erklärung und Bewertung, die dem Erlebnis zugeschrieben wird, also der individuellen Interpretation des Beobachters (vgl. Simon, 2006, S. 72–73).

Ein weiterer Punkt, der in der Handlungspraxis Berücksichtigung finden muss, sind die radikal konstruktivistischen und systemischen Annahmen in Bezug auf die menschliche Entwicklung und Kommunikation. Damit ist gemeint, dass das Bewusstsein lebendig gehalten wird, das kontinuierlich daran erinnert, dass Kommunikation aufgrund der Strukturdeterminiertheit immer ein Akt der Interpretation ist. Das Übertragen einer Information verläuft wie bereits beschrieben eben nicht einer linearen Kausalität im Sinne des Sender-Empfängerprinzips, sondern zirkulär und alle an der Kommunikation Beteiligten sind auch an der Konstruktion der Information beteiligt.

Über diese Elemente hinaus sind weitere Punkte als Grundvoraussetzung in der Errichtung einer evolutionären Schule und Lernansatzes notwendig:

- Radikale Bedarfsorientierung

An die Stelle von vorgegebenen Lehrplänen, Rahmenbedingungen und starren Strukturen tritt die radikale Bedarfsorientierung. Die radikale Orientierung an den individuellen Bedarfen wird zum einen durch die Strukturdeterminiertheit der Studierenden und zum anderen mit ihrer Betrachtung als nichttriviale (psychische) Systeme (vgl. Kapitel 3.5–3.7) begründet. So lässt sich von außen nichts über die Beschaffenheit der kognitiven Strukturen sagen, noch darüber wie auf einen bestimmten Input reagiert wird (vgl. Simon, 2006, S. 53). Aus diesem Grund wird keine pädagogische Methode als überlegen oder privilegiert betrachtet und bevorzugt praktiziert. Ob nun non-direktiv oder direktiv, Hausaufgaben und feste Lehrpläne oder freie Themenwahl, entscheidend ist die Bedarfsäußerung der Studierenden. Radikale Bedarfsorientierung betrachtet die Suche nach Lernzielen und Rahmenbedingungen, also auch nach passenden Lernmethoden, nicht als Einmal-Handlung, sondern als einen fortlaufenden Prozess. Hierfür ist eine Atmosphäre notwendig, in der ein vermeintliches Scheitern einer gewählten Lernmethode im Erreichen eines Ziels oder der gewählten Rahmenbedingungen als Chance interpretiert wird, aus dieser Erkenntnis passendere Lösungen zu entdecken. Die Befriedigung der physiologischen Bedürfnisse (vgl. Maslow, 1981, S. 62–65) und der psychologischen Bedürfnisse (vgl. Maslow, 1981, S. 66–73) sind Grundvoraussetzung dafür die Ebene der Selbstverwirklichung zu erreichen (vgl. Maslow, 1981, S. 73–74). Auf dieser Ebene der Selbstverwirklichung wirken Werte und Emotionen als Attraktoren, um bestimmte Lernziele verwirklichen zu wollen (vgl. Hüther, 2016, S. 62). Die Annahmen des radikalen Konstruktivismus, dass nicht die *eine* Realität gefunden werden kann, sondern Realität individuell konstruiert wird und Objektivität lediglich Einigung über viabel erscheinende Wirklichkeiten darstellt (vgl. Glasersfeld, 1992, S. 29–30), tragen zur Sinnhaftigkeit einer radikalen Bedarfsorientierung bei. Wie schon oben erwähnt wird mit dem Begriff *radikal* die bedingungslose Akzeptanz der möglichen Existenz anderer Wahrheiten (Realitäten) unterstrichen und dass diese für ihre Konstrukteure genauso real und wahrhaftig sind wie die eigene für einen selbst (vgl. Renner, 2019, S. 80). Es ist jedoch wichtig zu betonen, dass eine radikale Bedarfsorientierung nicht meint, dass die Studierenden machen können, was sie wollen. Wenn ein*e Schüler*in lernt, indem sie Texte laut vorliest, wovon andere sich gestört fühlen, dann heißt Bedarfsorientierung hier eine Lösung zu finden, die für alle passend ist. Daher ist die Raumgestaltung auch Teil der Bedarfsorientierung, damit in Ruhe oder in Gruppen, parallel gelernt werden kann. Wenn Studierende den Wunsch haben mit 3D Brillen im Kontext virtueller Umgebungen zu lernen, ist es wichtig das die Atmosphäre ihnen die Sicherheit gibt diesen Bedarf ganz selbstverständlich zu äußern. Es ist aber genauso wichtig, wenn die Schule nicht die nötigen Geldmittel zur Verfügung hat, dies auch so zu kommunizieren, ohne dass bei den Studierenden der Eindruck entsteht etwas Unangemessenes geäußert zu haben. Diese Situation sollte vielmehr als Ausgangspunkt für einen kollaborativen Erfüllungsprozess verstanden werden, indem die Organisation mit den Studierenden gemeinsam überlegt, wie dieser Bedarf erfüllbar wird (Spendenaktion, Förderanträge stellen, entsprechende Technik leihen, etc.).

Radikale Bedarfsorientierung bedeutet: Studierende können das machen, was sie wollen und was im Zusammenhang mit der Organisation als Schule (Präsenzpflicht, Fürsorgepflicht, Räumlichkeiten, Geldmittel, etc.) und den anderen Beteiligten (Begleiter*innen, Kommilitonen, etc.) möglich ist. Es bedeutet auch, dass die Studierenden lernen müssen, für sich einzustehen, die Verantwortung für ihre Bedarfe und deren Umsetzung zu übernehmen, indem sie lernen, das Bestmögliche zusammen mit anderen auszuhandeln. Diese Prozesse des Aushandelns sind von hoher Bedeutsamkeit, insbesondere wenn es darum geht, die Grundsätze demokratischen Zusammenlebens zu verstehen.

- Individuelle Lernziele

Jedes geäußerte Lernziel wird ernst genommen und die daraus resultierenden Lernprozesse individuell nach Möglichkeit angepasst bzw. gestaltet. Intrinsische Motivation wird als Grundvoraussetzung für nachhaltige Lernprozesse angesehen und das Erreichen solcher Ziele als Katalysator für weiteres inneres Wachstum. Der Prozess der Selbstverwirklichung wird somit stabilisiert, macht Studierende bei ihrer Bedürfnisbefriedigung (also auch Selbstverwirklichung) unabhängiger von ihren Umwelten und stärkt ihre Resilienz (vgl. Maslow, 1981, S. 193).

- Eigenverantwortung und Autonomie (Kreativität)

Es wird keine pädagogische (Lern-)Methode als überlegen oder privilegiert betrachtet. Ob *vermittelnder* Frontalunterricht, Gruppen- und Projektarbeit, oder selbstgesteuertes Lernen, die Gestaltung der Lernprozesse wird nicht vorweggenommen noch gewertet. Studierende entscheiden selbst, was sie wann, mit wem, wie lernen möchten. Solange sie dabei andere im Lernen und in deren Freiheit nicht einschränken. Somit sind sie für das, was sie als Scheitern oder Erfolg empfinden, immer selbst verantwortlich und können weder ihren

Erfolg noch ihr Scheitern anderen zuschreiben. Wenn Studierenden die Entscheidung, was sie wann, wo, wie lernen sollen, abgenommen wird, handeln und denken sie nicht eigenverantwortlich, sondern fremdbestimmt. Das führt nicht nur dazu das Studierende keinerlei Selbstwirksamkeitserfahrungen sammeln, sondern auch dazu, dass ihre kreativen Kompetenzen verkümmern. Um später eigenverantwortlich und selbstbestimmt agieren zu können, ist für Studierende Autonomie in der Schule eine Notwendigkeit. Teresa Amabile, Professorin an der Harvard Business School, erforschte über 40 Jahre unter welchen Umständen Menschen besonders kreativ sind. Nach ihren Erkenntnissen führt Autonomie zu intrinsischer Motivation und diese wiederum zu kreativen Leistungen. Jede Form von Kontrolle und Vorgabe hingegen zerstört intrinsische Motivation und damit Kreativität und Weiterentwicklung (vgl. Klasing, 2019, S. 41). In eigenverantwortlichen Lernprozessen steckt das Potential der intellektuellen Emanzipation der Studierenden. So entstehen aus Selbstwirksamkeitserfahrungen das Selbstbewusstsein und das Vertrauen, eigene kreative, neue Wege zu gehen.

- Freiwilligkeit

Niemand wird gezwungen etwas gegen den eigenen Willen zu tun, alle Lerninhalte und Rahmenbedingungen werden von den Studierenden selbst gewählt. Studierende, die nicht lernen wollen, werden weder sanktioniert noch ausgeschlossen, solange sie andere im Lernprozess nicht behindern. Die Freiwilligkeit ist Grundvoraussetzung für intrinsische Motivation und damit ein wichtiges Element für nachhaltige Lernprozesse. Nur was für die Studierenden von Bedeutung und entsprechend emotional aufgeladen ist, kann gelernt werden (vgl. Hüther, 2016, S. 45).

- Radikale Stärkenorientierung und positives Menschenbild

Defizite und Schwächen werden als Entwicklungspotentiale betrachtet und auch so kommuniziert. Eine besondere Erwähnung von vermeintlichen *Defiziten* als Problem wird nicht für notwendig erachtet. Der Mensch in seiner evolutionären Entwicklung wurde sowieso darauf geprägt, die eigenen *Defizite* verstärkt wahrzunehmen, so dass dies nicht die Aufgabe der Schule sein muss. Die kritische Betrachtung der eigenen Person im Kontext zu ihren Umwelten (Gesellschaft, Freunde, anderen Gruppen) ist als präventive Maßnahme zu interpretieren, um sozialer Isolation zu entgehen. Werden die eigenen *Schwächen* und *Defizite* entdeckt, bevor die Umwelten sie bemerken, können die *Defizite* rechtzeitig beseitigt werden, um nicht negativ aufzufallen und ausgeschlossen zu werden (vgl. Harris, 2009, S. 18–20). Studierenden sind oft von sich aus und ohne Einwirkung von außen mit den eigenen *Schwächen* und *Defiziten* beschäftigt, teilweise weisen bis zu 80 Prozent der Gedanken negativen Inhalt auf (vgl. Harris, 2009, S. 78). Dieser Vorgang muss nicht von außen verstärkt werden. Ein zu starker Fokus auf negative Gedanken führt nachweislich zu Angststörungen, Depressionen, Suchtproblemen und anderen psychologischen Erkrankungen (vgl. Harris, 2009, S. 26). Dagegen mangelt es jedoch an einer positiven Reflexions- und Feedbackkultur in der Gesellschaft, zumindest eine, die den Menschen, wie er ist, akzeptiert und als grundsätzlich positiv betrachtet. Es gilt in der heutigen Gesellschaft, aber vor allem im etablierten Bildungssystem, vorher erst eine Leistung zu erbringen, um sich die positive Bewertung der eigenen Person zu erarbeiten bzw. zu verdienen. Schule muss jedoch ein Ort sein, an dem vor allem die Stärken in den Fokus gerückt werden. Dies ist auch deshalb von großer Bedeutung, weil im Bereich der individuellen Stärken der Studierenden der größte Spielraum für ihre Leistungs- und Kompetenzsteigerung liegt (vgl. The Gallup Organization, 2014, S. 20). Wahrgenommene und identifizierte Stärken müssen regelmäßig reflektiert und in Bezug zu aktuellen Situationen der Studierenden gesetzt werden. Ein weiterer positiver Aspekt der Stärkenorientierung ist die Möglichkeit, dadurch die Vielfalt an Möglichkeiten deutlich zu machen. Stärken und Talente werden von Studierenden häufig als *normal* empfunden und nur von ihrer Umwelt als besonders oder einzigartig wahrgenommen, um so wichtiger erscheint die regelmäßige kollaborative Reflexion dieser Elemente.

- Selbstwissenschaft

Selbstwissenschaft bedeutet: (Sich seiner) selbst*bewusst* werden. Das größte Defizit des klassischen Schulsystems ist, dass am Ende der Schulzeit viele immer noch keine Ahnung haben, was sie in dieser

Welt tun sollen und was eigentlich ihre besonderen Fähigkeiten sind, die sie für ihre erfolgreiche Zukunft einsetzen könnten. Die Auseinandersetzung mit der eigenen Person und Identität, das Erforschen und Reflektieren, Erleben der individuellen Werte, Wünsche, Ziele und gegebenen Ressourcen, wie Stärken und Talente. Das Enttarnen und Auflösen von inneren Glaubenssätzen, die den eigenen Weg/ das Erreichen gewählter Ziele blockieren. Das Erforschen und Erkennen der eigenen Einzigartigkeit in der Auseinandersetzung mit der Diversität der anderen. Die Auseinandersetzung mit der eigenen Person und Identität, das Erforschen und Reflektieren, Erleben der individuellen Werte, Wünsche, Ziele und gegebenen Ressourcen, wie Stärken und Talente. Selbstwissenschaft ermöglicht es Selbstwirksamkeitserfahrungen zu machen, die eigenen Werte, Wünsche, Ziele, Stärken, Talente und Fähigkeiten zu entdecken und so ein positives Selbstbild zu stabilisieren. Selbstwissenschaft fördert Resilienz. Die bewusste Gestaltung der eigenen Lebensumstände trägt zu einem gelungenen und erfüllten Leben bei. Die Fähigkeit, aus sich heraus eigenständig zu handeln und kreative Ideen zu entwickeln, sind für die Wirtschaft, Politik, Wissenschaft und Kultur dringend benötigte Kompetenzen, um den Herausforderungen der Zeit zu begegnen. Die gewonnenen Erkenntnisse über sich selbst und die eigene Einzigartigkeit erleichtern die Wahrnehmung und Akzeptanz der radikalen Diversität der Realitäten und damit auch die Akzeptanz der Andersartigkeit andere Menschen. Die Zusammenarbeit mit diesen und die damit verbundenen Aushandlungsprozesse fördern das demokratische Verständnis. Die Etablierung der Selbstwissenschaften im Bildungssystem würde durch die vielfältigen positiven Effekte den Abbau von gesellschaftlichen Spannungen und den Aufbau einer gesellschaftlichen Utopie ermöglichen. Für die Selbstwissenschaft sind Mut, Zeit, Anreiz und Offenheit der einzelnen Person förderlich, allerdings nicht notwendig, damit diese stattfinden kann. Voraussetzung sind hier vor allem die Rahmenbedingungen, dazu gehören die Atmosphäre, die Anwesenheit anderer Menschen und die Haltung der beteiligten Personen. Eine Atmosphäre der Sicherheit und Wertschätzung ist notwendig, damit man sich angstfrei auf die Prozesse der Selbstwissenschaften einlassen kann. Um diese Atmosphäre zu erzeugen, ist die Haltung der Personen von Bedeutung, welche die Rahmenbedingungen ermöglichen.

Zu dieser Haltung gehören das Prinzip der Augenhöhe, ein positives Menschenbild, Stärkenorientierung, Fürsorgeverhinderung und die Akzeptanz des Aushaltens von radikaler Selbstverantwortung und den damit verbundenen Entwicklungsprozessen. Andere Menschen sind für die Reflexion und das Bewusstwerden der eigenen Besonderheiten wichtig. Durch Konfrontation mit Eigenverantwortung und der positiven Fehlerkultur wird der Raum für die Erfahrung von Selbstwirksamkeit eröffnet. Diese Erfahrungen müssen aktiv ermöglicht werden. Die Akzeptanz des Scheiterns und die aktive und konsequente Verhinderung der Defizitorientierung sind erforderlich. Der Prozess der Selbstwissenschaft erfordert Zeit und ist zeitlich nicht begrenzt. Die Verlässlichkeit und Kontinuität der Rahmenbedingungen sind notwendig, damit dieser Prozess ungestört stattfinden kann. Selbstwissenschaft kann durch gezielte Methoden und Werkzeuge unterstützt werden. Dazu gehören zum Beispiel: Gallup Stärken Test, Grouper/Stringer Test, Coaching, Selbstreflexion durch Schreiben, Bücher, Seminare, Feedback-Portrait und vieles mehr.

- Augenhöhe

Es herrscht Augenhöhe zwischen den Studierenden und Beteiligten der Organisation. Lernende sind immer auch Lehrende und Lehrende immer auch Lernende. Es wird keinerlei festgeschriebene Autorität vorausgesetzt, Beteiligte der Organisation machen ihr Selbstbewusstsein nicht von ihrer Expertise oder Rolle abhängig. Sie fungieren mehr als Begleiter*innen. „Ihr Wissen ist verhandelbar." (Terkessidis, 2015, S. 128) Kein Wissen und Weg zur Erkenntnis ist privilegierter als der andere. Es gilt das „…niemand mit mehr Intelligenz geboren wird als sein Nachbar, dass die Überlegenheit, die jemand zeigt, nur die Frucht des Fleißes ist, Wörter zu handhaben…" und somit die Gleichheit der Intelligenzen (vgl.Ranciére, 1987, S. 88).

- Kollaboration

Die Studierenden als autopoietische, psychische Systeme können nicht losgelöst (isoliert) von ihren Umwelten (Soziales System = Kommunikation mit Dozierenden, Tutor*innen und anderen Studierenden) betrachtet werden, sondern als System-Umwelt-Einheiten im Kontext einer Koevolution (vgl. Simon, 2006, S. 82). Kollaborative Lern- und Aushandlungsprozesse sind somit ein fester Bestandteil der Kultur innerhalb der Organisation. Sie bieten die Möglichkeit die Vielheit der Studierenden untereinander kennen zu lernen (vgl. Terkessidis, 2015, S. 156), wobei eine stetige Auseinandersetzung mit unterschiedlichen Positionierungen im Prozess der Kollaboration die Strukturen der Einzelnen verändern und neue Geschichten ermöglichen kann (vgl. Terkessidis, 2015, S. 162). Darüber hinaus liegt hier das Potential durch demokratische Aushandlungsprozesse ein Bewusstsein für gesellschaftliches Zusammenleben und ein demokratisches Grundverständnis zu erlangen.

- Fürsorgeverhinderung

Die subjektive Kategorisierung von dem, was als problematisch oder als der einzig richtige Weg erachtet wird und einer vermeintlich bestimmten Reaktion bedarf, wird nicht auf Studierende übertragen. Was für Beteiligte der Organisation als Problem oder besonders angebracht betrachtet wird, gilt nicht automatisch auch als Problem oder angebracht für die Studierenden. Von außen mag eine bestimmte Gegebenheit als problematisch interpretierbar sein (vgl. Simon, 2006, S. 73–75), solange Studierende dies jedoch nicht von sich aus auch so sehen bzw. etwas daran ändern wollen, werden sie auch mit diesem vermeintlichen *Problem* als vollkommen richtig und gut erkannt bzw. akzeptiert. Dies ist wichtig da nur so Selbstwirksamkeitserfahrungen gemacht werden können, woraus selbstbestimmte als auch eigenverantwortliche Kompetenzen erwachsen und stabilisiert werden.

- Atmosphäre

Gemeint ist mit Atmosphäre vor allem eine von allen Beteiligten als angenehm empfundene Stimmung innerhalb des Lernortes und untereinander. Eine wertschätzende, vertrauensvolle und positive Atmosphäre, in der die Beteiligten sich sicher genug fühlen auch sagen zu können, was sie stört, brauchen oder nicht verstehen, ohne Angst haben zu müssen dafür belächelt oder verurteilt zu werden. Im Gegenteil, eine Atmosphäre dieser Art zelebriert jede Form der Bedarfsäußerung als Orientierung gebendes Element in der Gestaltung und

Erforschung der jeweils individuellen Lernwege und Prozesse. Die Stärken der anderen werden als Gewinn betrachtet und laden zu kollaborativen Prozessen ein, anstatt Konkurrenz zu erzeugen (außer dies ist ausdrücklich erwünscht). Eine Atmosphäre, in der die natürliche und individuelle Entwicklung der Studierenden das Zentrum bildet und in seiner Erscheinungsform, egal wie sonderbar oder seltsam sie auch wirken mag, als vollkommen passend anerkannt und nicht in Frage gestellt wird.

Der folgende Vorschlag für den Strukturaufbau einer Schule im Sinne einer evolutionären Organisation sieht für Durchführung der Abschlussprüfungen für die Berufsbildungsreife (BBR), erweiterte Berufsbildungsreife (EBBR), mittlerer Schulabschluss (MSA) und Abitur das Konzept der Nichtschülerprüfung[12] vor. Dies hat Einfluss auf den Personalschlüssel, was die dafür vorgeschriebenen, notwendigen Qualifikationen anbelangt und in Teilen auf das Qualitätsmanagement. Ob die Form einer Ersetzungsschule oder anerkannten Ersetzungsschule ein Vorteil für die Handlungspraxis darstellt, kann an dieser Stelle nicht festgestellt werden und Bedarf der Evaluierung der Praxis (mittels Feldforschung).

6.2 Leitbild durch Grundsätze

Die Vision oder das Leitbild einer Organisation formuliert die Grundsätze, Werte und Ziele einer Organisation und gibt damit auch Orientierung für den Handlungsrahmen der Praxis vor. Für eine Einrichtung, die ein evolutionäres Bildungskonzept verfolgt und damit außerhalb der Bezugsrahmen einer Regelschule agiert, ist ein Visionsbild notwendig, das disruptiv auch die bekannten Bezugsrahmen sprengt (vgl. Duwe, 2020, S. 84). Die Etablierung eines Leitbildes, das die gewohnten Bezugsrahmen verlässt, also auch jene, die innerhalb von Lehrer*innen-Ausbildung *vermittelt* werden, kann nur durch

[12] Hier wird unterschieden zwischen allgemeinen bildenden und beruflichen Schulen in öffentlicher Trägerschaft und Ersetzungs- und Ergänzungsschulen in freier Trägerschaft, wobei nur anerkannte Ersetzungsschulen in freier Trägerschaft nach den §§ 97–101 SchulG eine Prüfungsberechtigung erhalten. Hierfür ist eine Genehmigung durch den Berliner Senat erforderlich ist (Berlin, 2004).

regelmäßige Wiederholungen und nicht durch eine Einmal-Handlung realisiert werden. Die Gefahr ist groß, dass die internalisierten Handlungsmuster reflexartig wiederkehren und dadurch das Leitbild und auch die Atmosphäre und Verhaltensweisen von den *alten* Mustern gefährdet wird. Es bietet sich an zu diesem Zweck regelmäßige Reflexionsräume zu etablieren (einzeln oder in Gruppen), um so durch die Betrachtung der sich zeigenden Herausforderungen bei der Umsetzung des Leitbildes, den eigenen Prägungen durch das Bildungssystem bzw. der Gesellschaft auf die Spur zu kommen. Bei solchen Reflexionstreffen können auch kritische Aspekte reflektiert und gesammelt werden und ggf. bei einem dafür vorgesehen Treffen das Leitbild zur Diskussion zu stellen. Alle Beteiligten können so durch regelmäßigen Austausch an einer fortlaufenden Weiterentwicklung des Leitbildes und der Organisation mitwirken (vgl. Duwe, 2020, S. 85). Dies ist auch wichtig, um die psychologische Eigentümerschaft der Mitarbeitenden zu stärken (vgl. Laloux, 2017, S. 140). Im Sinne einer *evolutionären* Haltung ist das *Scheitern* bei der Umsetzung des Leitbildes in die Praxis nicht als negativ zu verstehen, sondern als Prozess die eigene Viabilität im Kontext einer evolutionären Schule (als Umwelt) und Handlungspraxis zu verbessern.

Beispiele für die Inhalte eines Leitbilds einer evolutionären Schule:

- Radikal konstruktivistische und systemische Perspektive in der Betrachtung der Studierenden. Jede durch die Studierenden kommunizierte Realität und Wahrheit wird als mögliche und für die Studierenden als wahrhaftig wahrgenommen Realität anerkannt und nicht in Frage gestellt.
- Allen Beteiligten wird ein positives Menschenbild unterstellt.
- Studierende agieren eigenverantwortlich und autonom in ihren Entscheidungen.
- Freiwilligkeit ist Grundvoraussetzung: Studierende werden weder zur Anwesenheit und zum Lernen gezwungen noch überredet.
- Alle individuellen Lernziele werden ernstgenommen und nach Möglichkeit bei Bedarf unterstützt.

- Die Gestaltung der Rahmenbedingungen und der Lerninhalte orientiert sich radikal an den Bedarfen der Studierenden.
- Im Feedback und der Reflexion mit Studierenden wird auf die Erwähnung von vermeintlichen Defiziten und Schwächen vollständig verzichtet. Es wird eine rein stärkenorientierte Feedback- und Reflexionskultur gepflegt.
- Selbstwissenschaften sind ein wichtiger und fester Bestandteil der Arbeit in der Organisation.
- Es herrscht Augenhöhe zwischen allen Beteiligten, das bedeutet auch, dass das Selbstbewusstsein der Dozierenden nicht von ihrer Expertise abhängig sein darf. Lernende sind Lehrende und Lehrende sind immer auch Lernende.
- Kollaboration zwischen Studierenden und anderen Beteiligten sind ausdrücklich erwünscht und werden als fester Bestandteil der Lernkultur betrachtet.
- Fürsorgeverhinderung bedeutet, dass niemand für andere entscheidet, was für diese Person ein Problem oder richtig ist. Es werden keine Lösungswege ungefragt vorweggenommen.

6.3 Professionelle Haltung

Eine konsequente Umsetzung der oben beschriebenen Grundsätze sowie der Orientierung an dem sich daraus ergebenden Leitbild hat einen massiven Einfluss auf die Handlungspraxis innerhalb der Organisation und den Handlungsrahmen der Beteiligten. In vielen Punkten widerspricht diese professionelle Haltung und Handlungspraxis, die sich aus der konsequenten Umsetzung der oben beschriebenen Grundsätze einer evolutionären Schule ableiten lässt, dem, was in der klassischen pädagogischen Lehrer*innenbildung als *richtig* gelehrt wird. Professionalisierung wurde hier seit dem Ende der 60er-Jahre vor allem mit der Entpersönlichung des Lehrpersonals und der Verwissenschaftlichung des Berufsfeldes gleichgesetzt. Kompetentes Expertentum, das sich auf Objektivierung, Rationalisierung und Effektivierung stützt, wird bis in die Gegenwart ausdifferenziert und gilt in weiten Teilen des Berufsfeldes als Status Quo (vgl. Fiegert & Solzbacher, 2014, S. 35–36). Zwar haben aktuelle Erkenntnisse der neurowissenschaftlichen Forschung in Bezug auf Lernprozesse in der gegenwärtigen Diskussion um eine positive professionelle Haltung Eindruck hinterlassen, wie sich dies in der Lehrer*innenbildung niederschlägt, ist jedoch nicht abschließend geklärt (Fiegert & Solzbacher, 2014, S. 39–41). Was eine *richtige* professionelle pädagogische Lehrer*innen-Haltung bedeutet, ist in der klassischen Pädagogik aktuell unbeantwortet (vgl. Fiegert & Solzbacher, 2014, S. 41).

6.3.1 Ein evolutionärer Vorschlag für die Handlungspraxis

Der Vorschlag für eine evolutionäre Haltung in der Handlungspraxis ergibt sich aus der Betrachtung des Menschen und seiner Entwicklungsprozesse durch die systemisch-konstruktivistische Brille und den in dieser Arbeit gewonnenen Erkenntnissen aus den Bereichen der Geistes- und Naturwissenschaften. Orientierung für eine evolutionäre Haltung bietet hier der oben beschriebene Vorschlag für die Grundsätze und das Leitbild einer evolutionären Schule.

- Evolutionäre Haltung

Eine evolutionäre Haltung beschreibt die Art und Weise wie Begleiter*innen den Studierenden begegnen und in der Schule auftreten. Es wird grundsätzlich kein absoluter Wahrheitsanspruch gestellt und jede Form von objektiver Wahrheit wird aufgegeben. Sie definiert sich durch die grundsätzliche Annahme, dass alle Studierenden aus sich heraus dazu in der Lage sind, die für sie passenden Antworten und Lösungen auf die sich ihnen stellenden Fragen und Herausforderungen zu finden. Eine evolutionäre Haltung überlässt die Gestaltung der Rahmenbedingungen den Studierenden und passt sich den Bedingungen im Rahmen ihrer Möglichkeiten an. Sie hält und schützt den Raum, welcher eine natürliche Entwicklung der Fähigkeiten und Potentiale von Studierenden ermöglicht. Sie betrachtet sich und ihre eigene Definition, stellt diese regelmäßig in Frage und prüft die Viabilität der sie kennzeichnenden Elemente in Bezug auf die Arbeit in einer evolutionären Schule. Eine evolutionäre Haltung ist durch folgende Elemente gekennzeichnet:

o Nicht diskriminierend

Eine evolutionäre Haltung in Bezug auf die Handlungspraxis ist dadurch gekennzeichnet, dass sie keine Lernmethoden, Lösungswege, Ansätze oder Theorien als überlegen oder privilegiert ansieht. Die Autonomie der Studierenden in Bezug auf Lerninhalte, Methoden und die Rahmenbedingungen steht über allem. Eine evolutionäre Haltung akzeptiert die Existenz unterschiedlicher Realitäten und Wahrheiten. Die Möglichkeit, dass ein noch besserer Vorschlag die Lernbedingungen optimiert, wird immer als Chance zur Entwicklung und nicht als Kritik interpretiert.

o Ausleben der Augenhöhe

Grundsätzlich gilt, dass die Würde aller Beteiligten, also Studierenden wie auch Begleiter*innen, unantastbar ist. Begleiter*innen begegnen den Studierenden mit Wertschätzung und auf Augenhöhe, ohne dabei eine durch ihr *Expertentum* begründete Autorität einzufordern. Eine fachliche Autorität entsteht nur temporär, wenn dies von Studierenden gewünscht wird, wobei die fachliche Kompetenz der Begleiter*innen dabei jederzeit hinterfragt werden kann und darf.

o Atmosphäre erzeugen

Es ist die vorrangige Aufgabe der Begleiter*innen Rahmenbedingungen zu ermöglichen bzw. zu erhalten, in denen die Studierenden in der Lage sind wertebasierte Lernziele für sich zu entdecken und zu formulieren, um so intrinsiche Motivation und Freude an den Lernprozessen zu entwickeln. Begleiter*innen können bei Bedarf Orientierung bieten, ihr Wissen ist jedoch verhandelbar.

o Ausleben der Bedarfsorientierung

Inhalte und ggf. Lehrpläne werden demzufolge nur auf Wunsch und nach den individuellen Bedarfen der Studierenden vorbereitet und erstellt. Studierende werden als Experten*innen für ihre Bedarfe, Werte, Wünsche und Ziele bedingungslos anerkannt. Dies gilt auch, wenn aus Perspektive der Begleiter*innen ein Lernziel unrealistisch oder ein Inhalt als zu fortgeschritten für den eingeschätzten Lernstand der Studierenden interpretiert wird.

- Positives Menschenbild

Bei der Interpretation von Kommunikation und sozialer Interaktion wird unter Berücksichtigung der zirkulären Kausalität des Informationsaustauschs ein optimistisches Menschenbild und primär keine Böswilligkeit unterstellt. Begleiter*innen sind sich dem Umstand bewusst, dass durch die strukturelle Kopplung von System (Student*in) und Umwelten (Kommunikation) sie zusammen mit den Studierenden immer eine Koevolution durchlaufen.

6.3.2 Herausforderungen in der Handlungspraxis

Problematisch für eine solche Handlungspraxis erscheint die bereits erwähnte Prägung von potenziellen Begleiter*innen durch das etablierte Bildungssystem und dem dort praktizierten Ideal einer Lehrer*innen-Haltung (vgl. Christina Schwer, 2014, S. 51). Insbesondere wenn das eigene Kompetenzerleben auf dem erlangten Expertentum begründet ist, sowie auf dem Verständnis einer direktiven, besserwissenden und gutmeinenden Didaktik aufbaut und beides eine Autorität zu begründen scheint, ist die Relativierung von Expertentum für Begleiter*innen sehr herausfordernd. Lehrer*innen, die aus einer (jahrelangen) Ausbildung kommen und womöglich bereits weitere Jahre *erfolgreich* im Regelschulkontext gearbeitet haben, müssen sich der Tatsache stellen, dass das, was sie als richtige Haltung und Didaktik gelernt haben, für eine natürliche Persönlichkeitsentwicklung und nachhaltige Lernprozesse von Studierenden schädlich und absolut inadäquat ist. Lehrer*innen, die in der (neuen) Rolle der Begleitung in einer evolutionären Schule auf ihre erlernten und ihnen Sicherheit gegeben Methoden zur Fremdvermittlung verzichten sollen, können sich selbst in der Handlungspraxis als ineffizient, inkompetent und unprofessionell erleben. Dabei besteht auch die Gefahr, dass die Beteiligten sich nicht vorstellen können, dem Gang des Lernens seinen Lauf lassen zu müssen. Damit verbunden ist das Aushalten von Momenten, in denen scheinbar nichts passiert. Es gilt das Missverständnis einer nichts tuenden, apathisch und tatenlos im Raum existierenden Begleitung aufzulösen und genauer zu betrachten: Die Leistung der Begleiter*innen besteht darin den Studierenden die Verantwortung und volle Entscheidungsfreiheit zu überlassen, was sie wo, wie, mit wem und wodurch lernen wollen. Das schließt nicht aus, dass Begleiter*innen aufgrund ihrer Interessen die Studierenden auch für ein Thema oder die *Schönheit* eines Faches begeistern können bzw. dürfen (vgl. Hinte, 1980, S. 91). Auch die Begleiter*innen sind Teil des Prozesses und bringen ihre Interessen und Bedürfnisse ein. Die Aushandlungsprozesse, wie diese unterschiedlichen Ziele auf demokratischer Basis, das heißt auf Augenhöhe und ohne Autoritätsgefälle, zusammengebracht werden können, sind Teil der Lernstruktur. Ihre Fähigkeiten, Kenntnisse und Interessen werden jedoch nicht als Material zur Vervollständigung von unvollständigen Studierenden verstanden, sondern sind ein offenes Angebot, das jederzeit abgerufen oder abgelehnt werden kann (vgl. Hinte, 1980, S. 91). Genauso wichtig ist die Betonung, dass jede Form der Manipulation der Studierenden, egal aus welcher Rolle heraus und egal wie gut es gemeint sein mag, im Sinne des Leitbildes und einer evolutionären Haltung abzulehnen ist. Natürlich kann jede/r Beteiligte seine Meinung zu etwas abgeben und auch begründen. Das Bewusstsein dafür, dass es nur eine Meinung unter vielen gleichwertigen ist und insbesondere die betroffene Person es immer am besten weiß, ist aber eine grundsätzliche Voraussetzung. Die Vorstellung, es als Begleitperson besser zu wissen, ist für die Ermöglichung einer positiven Atmosphäre zu vermeiden. Das Entdecken der eigenen Intelligenz bedeutet von den Erklärungen und Lösungswegen anderer nicht mehr abhängig zu sein (vgl. Ranciére, 1987, S. 18). Wer sich nicht zutraut autonom zu denken oder zu handeln, setzt damit auch die Grenzen für kreative Prozesse, denn wie will Neues entdeckt oder gedacht werden, wenn es einem erst erklärt werden muss. Dann wäre es nicht neu und nicht kreativ (vgl. Herrmann, et al., 2007, S. 17). Im Sinne der evolutionären Haltung passende Begleiter*innen sind diejenigen, die „...den Sucher auf *seinem* Weg bleiben lässt, auf dem er alleine sucht und nicht aufhört zu suchen" (Ranciére, 1987, S. 46).

Eine *radikale Bedarfsorientierung* macht Begleiter*innen jedoch nicht zu Leibeigenen der Studierenden und zu willenlosen Bedarfserfüller*innen. Auch ihre Bedürfnisse und Interessen müssen in Bezug auf ihre Rolle und Aufgaben auf Augenhöhe berücksichtigt sein. Wenn diese wiederum nicht zu Bedarfen von bestimmten Studierenden passen, finden entweder demokratische Aushandlungsprozesse statt, wie Bedarfe und Interessen verbunden werden können, oder die Begleitung der Studierenden findet dann durch andere Begleiter*innen statt.

Jedes Lernziel ernst zu nehmen, bedeutet im Zweifel auch, Studierende im Scheitern zu begleiten, nur das dieses Scheitern aus dem eigenverantwortlichen Handeln der Studierenden heraus entsteht. Studierende vor einer solchen Erfahrung schützen zu wollen, bedeutet auch ihnen die Selbstwirksamkeitserfahrung zu nehmen und ihnen ihre Autonomie abzusprechen. Es reicht vollkommen aus, die Studierenden zu begleiten und nicht zu verurteilen, sollten sie scheitern, sondern den Mut anerkennen es gemacht zu haben. Der Eindruck, dass ein Lernziel unrealistisch erscheint, beruht immer nur auf der eigenen Strukturderminiertheit. So mag der geäußerte Wunsch *Youtube-Star* zu werden vermeintlich unrealistisch und nicht nach *Lehrbuch* erreichbar erscheinen, nimmt man die Äußerung jedoch ernst, eröffnet sich ein Spektrum an möglichen Lernprozessen, die sich auf ihre Wertebezogenheit abklopfen lassen. Von der Frage, mit was (Musik, Influenzer, Inhalte?) über das wie (Film / Kameratechnik, Editing-Software, Produktplacement) eröffnet sich ein breites Feld an möglichen Lernzielen und Inhalten. Wohin der Lernprozess dann inhaltlich führt, wird durch den Kompass der intrinsischen Motivation der Studierenden bestimmt und kann sich jederzeit dem neu Erfahrenen anpassen.

6.3.3 Atmosphäre durch Haltung

„Ein ständiger Austausch aus einer offenen, lernbereiten Haltung heraus, mit Interessen, Werten und Lebensweisen anderer Menschen bedarf solcher Freiräume, in denen sich Menschen so ausdrücken können, wie es ihnen gemäß ist; ein Klima, eine Atmosphäre muß geschaffen werden, die dem Menschen Mut macht, seine persönliche Betroffenheit zu äußern, daran zu arbeiten und konstruktiv zu lernen." (Hinte, 1980, S. 93)

Diese Atmosphäre zu ermöglichen ist vorrangige Aufgabe der Begleitenden und setzt neben der evolutionären Haltung auch voraus, dass diese aktiv erzeugt werden muss. Es muss aktiv daran gearbeitet werden, da der Normalfall in unserer Gesellschaft die Defizitorientierung ist und es den meisten Menschen peinlich ist, Fehler zu machen. Eine durch die Begleiter*innen und Beteiligten der Organisation induzierte positive Kommunikation, bei der die individuellen Stärken reflektiert werden, stellt eine Pertubation des sozialen Systems (Beteiligte der Organisation und Studierende) dar und wirkt somit auf die beteiligten psychischen Systeme, welche ebenfalls pertubiert werden. Führt diese Pertubation zu einer Akkommodation, also einer Entwicklung bzw. Veränderung des kognitiven Systems, welches wiederum den Ort Schule und die Menschen dort als etwas Positives (Passendes) im Sinne einer qualitativen Steigerung des Überlebens wahrnimmt, hat die Atmosphäre (als indirekte Beeinflussung) gewirkt. Die sich durch die Koevolution ergebende strukturelle Kopplung bedeutet nun, dass die Studierenden als psychische Systeme in ihrer Veränderung wieder auf das soziale System wirken. Geschieht dies im Sinne einer positiven Art, erfährt die Atmosphäre als koevolutionäre Kombination des sozialen Systems und der psychischen Systeme eine positive Verstärkung und die positive Atmosphäre wird etabliert. Auch wenn man nie sagen kann, was in einem psychischen System durch eine Perturbation ausgelöst wird, so lassen sich doch Äußerungen und Verhaltensweisen erkennen, die eine Zerstörung der Atmosphäre zur Folge hätten. Diese zu verhindern, um ein soziales System zu etablieren, das durch Anerkennung und Wertschätzung geprägt ist, gehört zu den wichtigsten Grundvoraussetzungen des Funktionierens einer evolutionären Schule. Wird dieses soziale System wieder durch die (auch neu dazugekommenen) psychischen System pertubiert, wird wiederum eine Pertubation der Beteiligten hervorgerufen, die sich darum bemühen, eine positive Atmosphäre zu erhalten. Für die professionell Beteiligten ist es daher wichtig, einen hohen Grad an Aufmerksamkeit darauf zu verwenden. Folgt man den Annahmen der humanistischen Psychologie und unterstellt dem Menschen ein positives soziales Wesen, das in seinem Bestreben nach Kohärenz ein positives soziales Miteinander bevorzugt (vgl. Hinte, 1980, S. 50), erscheint eine *positive Atmosphäre* unter systemischer Betrachtung von Koevolution und struktureller Kopplung von System und Umwelt (vgl. Simon, 2006, S. 82–83) ein wichtiger Schritt, um auch aus den vier unteren Stufen der Pyramide von Maslow in die Stufe der Selbstverwirklichung zu kommen. Eine positive Atmosphäre als soziales System, das durch die Kommunikation und Rückkopplung bzw. Repertubation der beteiligten Systeme eine positive Verstärkung erfährt, ist für die Befriedigung der psychologischen (Grund-)Bedürfnisse, wie Sicherheit, Anerkennung und Zugehörigkeit (vgl. Maslow, 1981, S. 66–72) ein passender Nährboden. Auf dem Fundament der positiven Atmosphäre ist eine individuelle Selbstverwirklichung möglich, wobei hier unterschiedliche Instrumente und Methoden für eine Unterstützung in diesem Prozess zur Verfügung stehen. Eine durch die evolutionäre Haltung begünstigte positive Atmosphäre kann auch durch die Studierenden selbst individuelle Rahmenbedingungen schaffen, welche den Eintritt in den Flow Kanal und damit in bestmögliche Lernerfahrungen begünstigen (vgl. Herrmann, et al., 2007, S. 22 ff.). Gleiches gilt auch für eine Auseinandersetzung mit dem eigenen Selbst, den Werten, Stärken und Wünschen im Sinne der *Selbstwissenschaften*. Es entsteht ein Raum, der es auch ermöglicht, die Wahrnehmung für das zu sensibilisieren, was von den Attraktoren im Gehirn als wertvoll für die Selbstverwirklichung und das Kohärenzbestreben im Sinne der humanistischen Psychologie (vgl. Maslow, 1981, S. 73-74) identifiziert wird und damit die Motivation im Sinne des sekundären Antriebssystems triggert (vgl. Herrmann, et al., 2007, S. 33).

Ein weiterer Aspekt einer durch die evolutionäre Haltung geschaffenen Atmosphäre ist die positive Wirkung auf die psychologische Gesundheit und die Ausbildung einer psychologischen Flexibilität. Diese noch empirisch zu erforschende Annahme ergibt sich aus den deutlichen Parallelen zwischen der evolutionären Haltung und dem Vorgehen und dem Ansatz der Akzeptanz- und Commitment-Therapie (ACT). Es handelt sich hierbei um eine in den Vereinigten Staaten von den Psychologen*innen Steven Hayes, Kelly Wilson und Kirk Strosahl neu entwickelte Therapieform, welche große Erfolge bei der Behandlung von u.a. Depressionen, Angstzuständen, Drogenabhängigkeit oder chronischen Schmerzen vorzuweisen hat (vgl. Harris, 2009, S. 14). Zu den Kernprinzipien zählt ein achtsamer Umgang mit sich und seiner Umwelt sowie eine wertebasierte Handlungsmotivation. Aus dieser Kombination (Achtsamkeit+Werte+Handeln) erwächst eine psychologische Flexibilität, womit die Fähigkeit gemeint ist, sich in herausfordernden Situationen mit Bewusstheit, Offenheit und Klarheit anzupassen, effektiv zu reagieren, wobei die eigenen Werte als Handlungskompass dienen (vgl. Harris, 2009, S. 64). Studierende, die an einen Ort kommen, wo sie akzeptiert werden, wie sie sind, egal ob sie pünktlich kommen, bunte Haare haben oder sich selbst zugefügte Wunden offen präsentieren, einen Ort, an dem sie dafür nicht sanktioniert, ausgegrenzt oder als Objekt mit Problemen betrachtet werden, stattdessen der Fokus ihrer Umwelten auf dem liegt, was sie an diesem Ort wirklich wollen, auf ihren Werten, Wünschen und Lernzielen, dann sind die Parallelen zur ACT offensichtlich. Eine evolutionäre Schule wird damit aber nicht zu einer therapeutischen Einrichtung, der Fokus liegt ja eben nicht auf den Problemen, Sorgen, Nöten oder Ängsten, sondern auf dem, was den Menschen wirklich interessiert oder berührt. Die daraus entstehende Motivation und die stattfindenden Lernprozesse können zu einem individuell erfüllten Leben führen. Probleme, Sorgen, Nöte und Ängste gelangen erst dann in den Fokus, wenn die Studierenden selbstständig und eigenverantwortlich (ganz im Sinne der Autonomie) ihren Bedarf äußern. Eine darauffolgende therapeutische Begleitung findet dann wiederum an Orten mit entsprechender Expertise statt. Das schafft den Raum sich voll auf die positiven Elemente der Selbstverwirklichung zu konzentrieren, mit dem Wissen, dass sich um die problematischen Aspekte der aktuellen Lebenssituation an fachlicher Stelle gekümmert wird.

Wenn jedoch, im Sinne der ACT, eine evolutionäre Haltung zu einer Atmosphäre beitragen kann, die die passenden Rahmenbedingungen und Elemente zur Ausbildung von psychologischer Flexibiltät und Resilienz bietet, ist dies im Kontext dramatisch steigender Zahlen von psychologischen Erkrankungen ein bedeutsamer Aspekt. Laut der WHO leiden ca. 30 Prozent der erwachsenen Bevölkerung an einer anerkannten Depression, darüber hinaus gilt diese Krankheit als viertgrößte, teuerste und das Leben am stärksten beeinträchtigende Krankheit der Welt (vgl. Harris, 2009, S. 16).

6.4 Schule als evolutionäre Organisation

Eine evolutionäre Organisation zeichnet sich durch agile Strukturen aus und definiert sich über ihr Leitbild bzw. ihre Vision. Dies hat bei einer konsequenten Orientierung an den dort formulierten Grundsätzen, Werten und Zielen einen entscheidenden Einfluss auf alle weiteren Entscheidungen in Bezug auf Struktur, Aufgaben, Rollen und Qualität im Unternehmen (vgl. Duwe, 2020, S. 83 ff.). Für eine Schule bzw. einen Lernort, dessen Leitbild geprägt ist von den Annahmen des radikalen Konstruktivismus, der humanistischen Psychologie und Flow-Theorie und damit also einen wie oben beschriebenen radikal evolutionären Lernansatz verfolgt, erscheint eine Betrachtung der Organisation als eine evolutionäre Organisation und damit als einen lebendigen Organismus und weniger als eine Maschine notwendig (vgl. Laloux, 2017, S. 116). Für die Schaffung eines Ökosystems (vgl. Duwe, 2020, S. 82), welches Innovationen durch die maximale Nutzung des Potentials in einer Organisation ermöglicht, werden Autonomie und Verbundenheit zu wichtigen Elementen (vgl. Klasing, 2019, S. 37). Führung dient vor allem als Katalysator der Potentialentfaltung von Mitarbeiter*innen sowie der Ermöglichung von Selbstorganisation durch die horizontale wie auch vertikale Öffnung der Organisationen als Nährboden für Innovationen, orchestriert durch eine beidhändige (bimodale) Kommunikation und Führung. Lediglich das Leitbild und die Studierenden geben den Handlungsrahmen vor. Ob dieser Handlungsrahmen für die Beteiligten der Organisation passend ist, wird von den Beteiligten entschieden. Eine wichtige Komponente, um ein hohes Maß an Qualität gewährleisten zu können, ist auch die von Frederic Laloux beschriebene geistige Eigentümerschaft, d.h. eine emotionale und wertebasierte Verbindung zur Organisation (vgl. Laloux, 2017, S. 140).

Der folgende Vorschlag für den Strukturaufbau einer Schule im Sinne einer evolutionären Organisation sieht für Durchführung der Abschlussprüfungen (BBR, EBBR, MSA, Abitur) das Konzept der Nichtschülerprüfung[13] vor. Dies hat Einfluss auf den Personalschlüssel, was die dafür vorgeschriebenen, notwendigen Qualifikationen anbelangt und in Teilen auf das Qualitätsmanagement. Ob die Form einer Ersetzungsschule oder anerkannten Ersetzungsschule ein Vorteil für die Handlungspraxis darstellt, kann an dieser Stelle nicht festgestellt werden und Bedarf der Evaluierung der Praxis (mittels Feldforschung).

---

[13] Hier wird unterschieden zwischen allgemeinen bildenden und beruflichen Schulen in öffentlicher Trägerschaft und Ersetzungs- und Ergänzungsschulen in freier Trägerschaft, wobei nur anerkannte Ersetzungsschulen in freier Trägerschaft nach den §§ 97–101 SchulG eine Prüfungsberechtigung erhalten. Hierfür ist eine Genehmigung durch den Berliner Senat erforderlich ist (Berlin, 2004).

6.4.1 Personal, Rollen und Aufgaben

Es ist von großer Bedeutung, dass die Trennlinie der Rollen untereinander und ihrer Aufgaben deutlich erkennbar wird damit die Orchestrierung der Gesamtabläufe in der Schule möglichst störungsfrei stattfinden kann. Um die vielen individuellen Lernprozesse, Bedarfe und Anforderungen im Blick behalten zu können sind die Aufgaben eindeutig definiert und bestimmten Rollen zugeordnet. Je nach Rolle ergeben sich dadurch unterschiedliche personalrechtliche Aspekte.

- Unterschiede in der Form der Anstellung

In Bezug auf das Personal entsteht bei einer konsequenten Umsetzung einer radikalen Bedarfsorientierung ein Spannungsfeld im Bereich einer unbefristeten sozialversicherungspflichtigen Beschäftigung (vgl. § 611a BGB, 2021, § 7 ff. SGB IV, 2022) und den wechselnden Bedarfen von Studierenden. Aus ökonomischer Perspektive ist eine unbefristete Anstellung, zumindest der Dozierenden, da ihre Tätigkeit vor allem an die fachlichen Inhalte gekoppelt ist, für eine Organisation problematisch. Das folgt aus der Aufrechterhaltung der radikalen Bedarfsorientierung. Das heißt, wenn Studierende eine*n Dozent*in nicht akzeptieren oder nicht mehr benötigen, eine weitere Beschäftigung als Dozent*in nicht möglich ist. Dadurch ist eine sozialversicherungspflichtige Beschäftigung zu unflexibel, um darauf mit einer verringerten Stundenzahl reagieren zu können. Somit ergibt sich, dass eine Beschäftigung auf freiberuflicher Basis oder einer zweckgebundenen Befristung nach § 14 Abs. 1 Satz 1 Teilzeit- und Befristungsgesetz die Voraussetzung ist (vgl. Bundesamt für Justiz , 2022), auf die Bedarfsorientierung zu reagieren. Andere Rollen und Aufgaben (Management, Verwaltung, Tutor*in, etc.) sind durch ihre Einbindung in die Organisation nur von festangestellten Mitarbeiter*innen umsetzbar.

- Verschiedene Rollen

Für alle Rollen[14] innerhalb einer evolutionären Schule gilt, dass eine evolutionäre Haltung und die im Leitbild festgeschriebenen Voraus-

[14] Die Beschreibung der Rollen und Aufgaben in dieser Arbeit ist weder als *vollständig* noch für jede Organisationsform passend und als absolut zu betrachten. Es werden im Folgenden vor allem die Schwerpunkte benannt, um eine

setzungen die Grundlage jeglicher professioneller Arbeit in der Organisation darstellen. Je nach Größe der Organisation müssen Rollen wie Buchhaltung oder Kommunikation mitgedacht werden. Im Folgenden wird vor allem die Rolle von Lehrer*innen, wie sie im etablierten Bildungssystem in Bezug auf Aufgaben und Handlungspraxis Anwendung findet, in unterschiedliche Rollen aufgeteilt und die dementsprechend verschiedenen Aufgaben skizziert. Grundsätzlich müssen alle diese Rollen und Aufgaben klar definiert werden und in der ihnen zugrundeliegenden professionellen evolutionären Haltung und den damit verbundenen Handlungsschwerpunkten möglichst trennscharf von einander zu betrachten sein, damit im Qualitätsmanagement auch überprüft werden kann, ob diese Aufgaben erfüllt werden. Es spricht nichts dagegen, dass eine Person unterschiedliche Rollen einnimmt oder im Laufe der Zeit wechselt, jedoch ist die eindeutige Definition der Rolle und die an diese gekoppelten Aufgaben dadurch um so wichtiger, damit diese Aufgaben wahrgenommen und erledigt werden können.

*6.4.1.1 Tutor*in (Lernbegleitung)*

Die Lernbegleitung wird von Tutoren*innen wahrgenommen und meint die Begleitung von Studierenden, für welche sie die Zuständigkeit übernommen haben und welche umgekehrt sie in ihrer Rolle als Tutor*innen auch annehmen. Ihre Funktion ist es Vertrauensperson für die von ihnen begleiteten Studierenden zu sein. Der Fokus liegt auf den (physiologischen und psychologischen) Grundbedürfnissen der Studierenden. Sie schaffen die Rahmenbedingungen, die es den Studierenden ermöglichen ihre Bedarfe zu erkennen, zu benennen und zu stillen, um so überhaupt auf die Stufe der Selbstverwirklichung zu gelangen (vgl. Maslow, 1981, S. 193). Die Tutor*innen führen neue Studierende in die Grundsätze der Organisation ein, machen sie mit der jeweiligen Örtlichkeit vertraut und übergeben sie ggf. direkt an entsprechende Dozierende. Dieser einführende Prozess ist zeitlich nicht determiniert und richtet sich nach dem Tempo der Studierenden.

Trennschärfe der Rollen in ihren Handlungsschwerpunkten herauszuarbeiten. Rollen und Struktur sind plausibel und haben sich in der Praxis bewährt (vgl. (Street College, 2018).

Tutor*innen begleiten die Studierenden in neue Lernsettings und bieten Raum zur Reflexion. Dementsprechend sind sie auch bei Problemen mit Dozierenden oder Kursen für die Studierenden ansprechbar. Bei evaluierten Bedarfen und Zielen sind sie bei der Umsetzung unterstützend tätig. Tutor*innen bieten mit Gesprächen und Methoden auf Wunsch Raum für *Selbstwissenschaften*, also der Auseinandersetzung mit den eigenen Stärken, Werten, Wünschen und Zielen. Sie sammeln *relevante Informationen*, Anekdoten und Erfolgserlebnisse für die jährlichen *Reflexionsberichte*. Aufgrund der Einbindung in die Organisation ist diese Rolle nur mit einer Festanstellung rechtssicher zu realisieren (vgl. § 611a BGB, 2021, § 7 ff. SGB IV, 2022).

Zusammenfassung und Überblick der Rolle Tutor*in und ihrer Aufgaben:

- Neue Teilnehmer*innen: Abfrage von Bedarf
  Einführung in die Grundsätze der Organisation/Schule; vertraut machen mit der Örtlichkeit; Begleitung zu den Kursen und Übergabe an Dozierende; Anmeldungsprozess (formal) ggf. bei einem Onlinesystem sowie die Einführung in dieses System und dessen Möglichkeiten

- Ansprechpartner*in bei fachbereichsunabhängigen Bedarfen
  Bei evaluiertem Bedarf Möglichkeiten recherchieren; Lernsituationsevaluation, Feedback an Koordination; Durchführung von Reflexionsgesprächen in Bezug auf die Bedarfe und Ziele der Studierenden die aktuellen Kurse/Unterrichte betreffend und darüber hinaus.

- Selbstwissenschaft
  Arbeit mit den Studierenden im Kontext ihrer Auseinanderstetzung mit den eigenen Stärken, Werten und Zielen (Selbstwissenschaften) in Form von Reflexionsgesprächen, (auch Flow-) Coachings, Stärken-, Grouper/Stringertest; Gespräche über mögliche Zukunftszenarien (Weiterbildung, Beruf); Sammlung von relevanten Informationen über die Studierenden (Stärken, Kompetenzen, Anekdoten, etc.) für ein Feedback-Portrait.

- Vermittlung und Recherche
  Bei evaluiertem Bedarf Möglichkeiten recherchieren; bei externen Kurseangeboten evtl. Begleitung; bei interner Umsetzung Begleitung zu schon bestehenden Kursen, Kommunikation mit Koorination, evtl. Begleitung der Kurse bzw. Unterrichte

- Bei Problemen, welche nicht mit Kursen oder der Organisation zusammenhängen: Angebot der Lösungshilfe; Recherche; ggf. Vermittlung an passende Fachperson (Sozialarbeiter*innen, Psychologen, Anwälte, Wohnungshilfe, etc.); akute Hilfe/Ersthelfer*in (wenn möglich und umsetzbar)

- Anwesenheit während der Kernzeiten, um präsent und zwischen den Unterrichten für die Studierenden adressierbar zu sein

*6.4.1.2 Dozent*in (Fachexpert*in)*

Dozierende sind in ihrer Funktion für die Umsetzung der inhaltlichen Bedarfe und Lernziele der Studierenden zuständig. Ihre Rolle ist gekennzeichnet durch Freude und Begeisterung am Fach, welches sie gemeinsam mit den Studierenden so erkunden, dass diese die Freude und das Interesse selbst entdecken können. Ihr Vorgehen ist dabei durch das Leitbild und eine evolutionäre Haltung geprägt: Sie stellen ihre Kompetenzen, Talente und Fähigkeiten also lediglich zur Verfügung, ohne dabei Versuche einer gezielten Vermittlung nach den subjektiven Vorstellungen von richtig oder falsch zu unternehmen. Sie stehen in direktem Kontakt mit den Tutor*innen und tauschen sich mit diesen über Bedarfe, Wünsche und Ziele der Studierenden aus, welche sie immer wieder bei den Studierenden erfragen. Sie spiegeln den Studierenden deren individuelle Stärken, Talente und Lernfortschritte, welche sie zusätzlich fortlaufend (online) evaluieren. Sie sind auch für die Lernatmosphäre zuständig und dass diese für die anwesenden Studierenden passend ist.

Diese Rolle kann mit Blick auf die radikale Bedarfsorientierung und damit einhergehende Instabilität von umzusetzenden Bedarfen (Lerninhalten) aus ökonomischer Perspektive vor allem von freien Mitarbeiter*innen besetzt werden. Hieraus ergibt sich jedoch eine nicht unerhebliche Menge an Herausforderungen. Zum einen können freie

Mitarbeiter*innen kaum mit einer festen Planbarkeit ihrer (Verdienst-)Zeiten rechnen und müssen zu dem eine hohe Flexibilität für ihre Arbeit aufbringen. Zum anderen müssen durch die radikale Bedarfsorientierung damit gerechnet werden, dass das Personal und die freien Mitarbeiter*innen häufig wechseln und deshalb das Heranführungen an das Leitbild und die (teils komplexen) Organisationsstrukturen regelmäßig durchgeführt werden müssen. Dies ist mit erhöhtem Mittel- und Zeitaufwand für die Organisation verbunden.

Zusammenfassung und Überblick der Rolle Dozent*in und ihrer Aufgaben:

- Fachunterricht:
  Pünktliche Anwesenheit; Umsetzung der Bedarfe der Teilnehmenden; Stärken- und ressourcenorientierter Unterricht; Freude am Fach und die Fähigkeit, diese Freude zu zeigen und auszudrücken; Abfrage der Bedarfe und der Umstände und Befindlichkeiten der Studierenden; Wahrnehmung des Bedarfs und von Wünschen bei den Studierenden und Weitergabe an entsprechende Stellen; Kommunikation mit Tutor*innen über einzelne Studierende und deren wahrgenommenen Bedarfe; Spiegelung der Stärken und Lern- und Entwicklungsfortschritte der Studierenden; Verantwortung für Lernatmosphäre; fortlaufende Evaluation der Studierenden in Bezug auf fachliche Elemente

- Verbindung mit anderen Teilen der Organisation/Schule:
  Einbeziehung der Tutor*innen bei Bedarf; (Online-)Evaluation zur Erfassung und Sammlung der Elemente für ein *Feedback-Portrait*; Teilnahme an Reflexionsrunden mit anderen Dozierenden und Tutor*innen (Labs); Kommunikation mit Tutor*innen oder Sozialarbeiter*innen bei kurs- und organisationsunabhängigen Problemen

*6.4.1.3 Dozierendenbegleiter*in*

Dozierendenbegleiter*innen sind in ihrer Funktion für Dozierende ähnlich dem, was Tutor*innen für Studierende sind (vgl. Kapitel 6.4.1.1). Die teils komplexen Abläufe und Strukturen, aber auch die ggf. ungewohnten Rahmenbedingungen einer durch das Leitbild geprägten Handlungspraxis machen diese Rolle notwendig, welche insbesondere für neue Dozierende bei Fragen rund um das Leitbild, Organisationsabläufe und Strukturen aber auch Reflexions- oder Fortbildungsmöglichkeiten adressierbar ist. Diese Rolle wird auch deshalb notwendig, weil sich, wie bereits erwähnt, durch die radikale Bedarfsorientierung eine hohe Zahl an Personalwechseln freier Mitarbeiter*innen und deshalb auch deren Einarbeitung zur Qualitätssicherung ergeben könnte.

Zusammenfassung und Überblick der Rolle Dozierendenbegleiter*in und ihrer Aufgaben:

- Ansprechpartner*in für andere Dozierende
  für alle Themen von Urlaub, Vertrag, Leitbild, Unterrichtsbesonderheiten oder jeder Form von Unklarheit

- Durchführung von Reflexionsgesprächen zusammen mit Koordination und anderen Dozierenden
  Abfrage, was die Studierenden brauchen für den Fachunterricht oder davon unabhängige Bedarfe; Abfrage von Bedarf der Dozierenden und Weitergabe an Koordination; Einarbeitung der Dozierenden in die Prozesse zur Sammlung von relevanten Informationen über die Studierenden für Feedback-Portrait (Erklärung folgt weiter unten im Text); Leitbilddiskussion mit Dozierenden und anderen Beteiligten; Abfrage, was Dozierende brauchen, damit es ihnen so gut geht, dass sie die Atmosphäre mittragen können.

*6.4.1.4 Koordinationsassistent*in*

Die Funktion dieser Rolle liegt in der Koordination und Ausbalancierung der Stundenpläne zwischen den Bedarfen der Studierenden, den fachlichen sowie zeitlichen Ressourcen der Dozierenden und den räumlichen Kapazitäten.

Zusammenfassung und Überblick der Rolle Koordinationsassistent*in und ihrer Aufgaben:

- Stundenplanerstellung immer wöchentlich nach Bedarf.

- Kommunikation mit Dozierenden und Koordination
  Abfrage des Bedarfs an Unterrichtsstunden; Abfrage des Bedarfs bzw. Ressourcen (fachlich / zeitlich) an Unterrichtsstunden bei Dozierenden; Überblick über aktuelle Bedarfe und Verfügbarkeit von Dozierenden; Ausfallausgleich und Ersatzorganisation; Weitergabe nicht erfüllbaren Bedarfs an Koordination, Etablierung von Aushandlungsprozessen bei Konflikten zwischen unterschiedlichen Bedarfen (zeitlich, inhaltlich, räumlich)

- Optimierung und Weiterentwicklung
  Evaluation des Ablaufs und Funktionierens der Unterrichts- und Kurseinheiten; Weitergabe von evaluiertem Mehrbedarf an Räumen, Unterrichtsbedarfen, Dozierenden oder Sonderbedarf

*6.4.1.5 Prüfungsbegleiter*in*

Je nachdem welchen Schwerpunkt bzw. Status eine Organisation oder Schule hat, werden Prüfungen vor Ort durchgeführt oder extern als sogenannte Nichtschülerprüfungen, muss unterschiedliches Fachwissen über diese Prozesse an die interessierten Studierenden weitergegeben werden. Insbesondere die gängigen Schulabschlüsse (BBR, EBBR, MSA, Abitur) erfordern die Umsetzung gewisser Vorgaben und Voraussetzungen, welche durch den Berliner Senat festgelegt sind und erfüllt sein müssen (vgl. Land Berlin, 2022). Die Rolle der Prüfungsbegleiter*in hat ihre Funktion zum einen darin sicherzustellen, dass alle nötigen formalen Vorgaben erfüllt sind und zum anderen, dass die Studierenden inhaltlich und strukturell auf die Prüfungsbedingungen und Anforderungen vorbereitet sind. Diese Rolle ist aufgrund ihrer Einbindung in die Organisation mit Festangestellten zu realisieren (vgl. § 611a BGB, 2021, § 7 ff. SGB IV, 2022).

Zusammenfassung und Überblick der Rolle Prüfungsbegleiter*in und ihrer Aufgaben:

- Willkommen heißen von potenziellen Prüflingen
  Kontaktaufnahme zu potenziellen Prüflingen und bei Bedarf Führung durch die Räumlichkeiten.

- Betreuung von potenziellen Prüflingen
  Versorgung mit relevanten Informationen (Termine, Unterlagen, Dokumente, Informationen über den Prüfungsablauf); Zusammenstellen der notwendigen Unterlagen und Hinweis auf fehlende Elemente; Kommunikation mit den (Fach-)Dozierenden in Bezug auf den Lernstand und Lernfortschritt zur Einschätzung der Möglichkeit des Prüfungserfolgs; Erinnerung an Termine und Entscheidungsprozesse; Kommunikation mit den Prüflingen zum Herausfinden der Fachinteressen und damit der Prüfungsfächer und Prüfungsthemen; Betreuung im Prozess der Interessensentdeckung bei den Teilnehmenden und Nutzbarmachung für die Auswahl an Wahlthemen (auch in Zusammenarbeit mit den Tutor*innen)

- Regelmäßige Bedarfs- und Befindlichkeitsabfrage
  Herausfinden, welchen Bedarf die einzelnen Teilnehmenden haben, um ihr Ziel des Abschlusses angemessen zu erreichen, welche Hindernisse auftauchen und wie die aufgelöst werden können, auch ob die Räume und Dozierenden die richtigen sind oder was sich ggf. im Ablauf des Lernprozesses ändern sollte; Bedarfsumsetzung in Absprache mit Dozierenden und Koordination; Weitergabe und Kommunikation mit Tutor*innen oder Sozialarbeiter*innen bei Hindernissen, die nicht mit Inhalten oder der Organisation zusammenhängen; Übergabe der vollständigen Unterlagen an Koordination bzw. Verwaltung zur Übermittlung an Partnerschule und Senatsverwaltung

*6.4.1.6 Sozialarbeiter*in*

Die Funktion dieser Rolle liegt vor allem in der internen und externen Kommunikation in Bezug auf Problemstellungen der Studierenden, welche keinen direkten Bezug zu den Kursen oder der Organisation aufweisen. Hierzu zählen alle Formen von lebensweltlichen Hindernissen, welche gelöst werden sollten, damit das Lernen erfolgreich stattfinden kann, dazu gehören auch die Kommunikation mit Ämtern, öffentlichen Trägern, anderen sozialen Einrichtungen, bei Bedarf auch die Kontaktaufnahme mit gesundheitlichen / psychologischen Einrichtungen, Wohnungssuche etc., sowie die Begleitung der Studierenden im Bedarfsfall.

Zusammenfassung und Überblick der Rolle Sozialarbeiter*in und ihrer Aufgaben:

- Interne Kommunikation
  Ansprechpartner für Dozierende und Tutor*innen für sozialarbeiterische Zusammenhänge und Reflexionsbedarf, Weitergabe von relevanten Informationen an Dozierende und Tutor*innen; Aufmerksamkeit für Probleme der Studierenden, welche nicht in Bezug zu den Kursen oder Organisation stehen

- Sozialarbeiterische Begleitung
  Ansprechpartner für die Studierenden für alle Hindernisse im lebensweltlichen Bereich, bedarfsabhängige Betreuung in Bezug auf Anwesenheit, Umstände, Möglichkeiten, Bescheinigungen, Unterlagen; Begleitung zu offiziellen Terminen; bei Bedarf intensive sozialarbeiterische Betreuung oder ggf. Weitergabe an entsprechende Einrichtung (inkl. Begleitung und Übergabe)

- Atmosphärische Begleitung
  Präsenz in den Räumen und Ansprechbarkeit für jede Form von Hindernissen im lebensweltlichen Zusammenhang, die möglicherweise den Lernerfolg behindern

6.4.1.7 Management und Koordination

Diese Rolle erfüllt ihre Funktion in der Leitung bzw. dem Management (rechtliche Verantwortung, Finanzsteuerung), Organisation und Koordination der Abläufe innerhalb der Organisation als Ganzes. Führung als Katalysator der Potentialentfaltung von Mitarbeiter*innen sowie der Ermöglichung von Selbstorganisation durch die horizontale wie auch vertikale Öffnung der Organisationen als Nährboden für Innovationen, orchestriert durch eine beidhändige (bimodale) Kommunikation und Führung ist zukunftsweisend. Für die Schaffung eines Ökosystems (vgl. Duwe, 2020, S. 82), welches Innovationen durch die maximale Nutzung des Potentials in einer Organisation ermöglicht, werden Autonomie und Verbundenheit zu wichtigen Elementen (vgl. Klasing, 2019, S. 37). Die Koordination schützt den Raum einer evolutionären Schule für die Strukturen und Praktiken wie auch das Leitbild und fungiert als Sensor, wenn es um Organisationsentwicklungsprozesse geht (vgl. Laloux, 2017, S. 149).

Zusammenfassung und Überblick der Rolle Koordination sowie ihrer Aufgaben:

- Finanzen
  Überblick über aktuelle Finanzen; Wirtschaften im Rahmen der vorhandenen Mittel; Prüfung der Bilanzen/Einnahmenüberschussrechnungen (in Zusammenarbeit mit Verwaltung und Büro); Erstellung Jahresberichte; transparente Kommunikation der aktuellen Finanzen in die Organisation; Verantwortung für finanzielle Entscheidungen; Organisation und Überblick für die Beschaffung zukünftiger Finanzmittel bei entstehendem Mehrbedarf

- Steuerung der Strukturen und Prozesse
  Zeichnungsberechtigung und Unterschriftenverantwortung; Geschäftsführung; Durchführung von Bewerbungsgesprächen Einstellung und Personalverantwortung; Aufrechterhaltung der Präsenz des Leitbilds im Alltag; Ansprechpartner*in für Fragen und Probleme in Bezug auf das Leitbild; Aufrechterhaltung einer positiven Atmosphäre; Anregung zu Aktionen zur Vertiefung der Atmosphäre; Verbreitung und Spürbarmachung eines positiven Menschenbildes

- Organisationsentwicklung
  Etablierung der Diskussionsoffenheit des Leitbilds bei gleichzeitiger Einhaltung der Beschlüsse im Alltag; Wahrnehmung von Verbesserungs- und Änderungspotential des Leitbilds; Implementierung von evolutionären Organisationsstrukturen; Reflexionsprozesse zur Überprüfung der Qualität der evolutionären Organisationsstrukturen; Schützer*innen und Vertreter*innen des Leitbilds

- Schützer*in des Leitbilds
  Letzte Instanz in Fragen und Belangen im Kontext des aktuell festgelegten Leitbilds; Ansprechpartner*in bei Konflikten der Sicherheitsbedürfnisse der Beteiligten der Organisation im Kontext zu den Grundätzen und dem Leitbild; Funktion als Seismograph für

Erschütterungen im Leitbild und Gefährdungen der Grundsätze und des Leitbilds.

6.4.2 Organisation evolutionärer Haltung und Atmosphäre

Dass eine empathische Haltung von Bedeutung ist, erscheint im aktuellen Diskurs weitestgehend anerkannt (vgl. Fiegert & Solzbacher, 2014, S. 40). Es steht außerdem außer Zweifel, dass eine Haltung, die den Menschen in seiner Besonderheit akzeptiert, für die Betroffenen im Lern- und Entwicklungsprozess von großer Bedeutung ist. Deshalb muss in Organisationen, die Bildungsprozesse auf konstruktivistischer Basis ermöglichen wollen, dieses Element bei den beteiligten Personen besonders berücksichtigt werden. Daraus ergeben sich unterschiedliche, für die Organisation und ihre Struktur bedeutsame Elemente, welche im Kontext dieser Arbeit genauer zu betrachten sind. Damit ist zum einen der Bewerbungs- und Einstellungsprozess sowie das damit verbundene Onboarding gemeint und zum anderen das Element der internen (oder auch externen) Fort- und Weiterbildung. Ein drittes Element ist die *psychologische Eigentümerschaft*, wobei hiermit ein hohes Maß an Identifikation der Beteiligten einer Organisation mit der Organisation und ihren Werten, Zielen und dem Leitbild gemeint ist (vgl. Laloux, 2017, S. 140). Eine psychologische Eigentümerschaft wird laut Frederic Laloux, Insa Klasing und Julia Duwe durch Autonomie und eine agile Organisationsstruktur begünstigt.

6.4.2.1 Psychologische Eigentümerschaft und Autonomie

Wer sich mit den Werten und dem Leitbild einer Organisation identifiziert, empfindet Sinn bei der Arbeit und identifiziert sich somit auch mit der Organisation selbst. Sinn ist Voraussetzung für autonomes Handeln, da ohne ein Verständnis dafür, wozu etwas getan wird, bei Veränderungen und aufkommenden Stress durch unklare Situationen, kaum selbstbestimmte Entscheidungen getroffen werden können (vgl. Klasing, 2019, S. 96). Um die *psychologische Eigentümerschaft* zusätzlich zu stärken, können im Rahmen von jährlich stattfindenden Klausurtagen das Leitbild und die Struktur zur Diskussion gestellt und weiterentwickelt werden, ähnlich einem großen Strategie-Meeting, einem weiteren Merkmal evolutionärer Organisationen (vgl. Laloux, 2017, S. 124). Im laufenden Betrieb darf das, worauf die

Organisation sich in Bezug auf Leitbild und Struktur geeinigt hat, nicht verändert werden und gilt als Maßstab für die Handlungspraxis. Durch einen möglichst hohen Anteil an Beteiligten in der Organisation mit einem hohen Maß an psychologischer Eigentümerschaft ergibt sich ein wirksames Element zur Qualitätssicherung in Bezug auf eine zu erhaltende positive Atmosphäre auch bei einer wachsenden Zahl von Mitarbeiter*innen.

6.4.2.2 Bewerbungsprozess und Onboarding

Wie in den vorherigen Kapiteln beschrieben, gibt es momentan keine fachlichen Vorbereitungen für eine professionelle evolutionäre Haltung. Um eine Organisation aufzubauen und weiterzubringen, die auf dieser Grundlage funktioniert, ist es deshalb sehr wichtig, den Auswahlprozess auf eine qualitativ hochwertige Basis zu stellen. Die Haltung spielt dabei eine größere Rolle als die Überprüfung der fachlichen Qualifikation, die meist im Lebenslauf abgebildet ist und außerdem in der heutigen Zeit der einfachen Zugänglichkeit zu jeder Form von Wissen nicht im Vordergrund steht. (Falls das fachliche Wissen nicht zur Verfügung steht, ergibt sich die Möglichkeit mit den Studierenden zusammen das Feld zu erkunden.) Um möglichst früh die Viabilität von potenziellen Dozierenden in Bezug auf die Organisation und ihr Leitbild erkennen zu können, muss ein Prozess etabliert werden, welcher bei den Bewerbungsgesprächen beginnt und durch ein abschließendes Gespräch mit der Koordination der Organisation in die nächste Phase übergeht. Ein darauffolgendes Onboarding schließt eine begleitende Annäherung an eine durch die evolutionäre Haltung geprägte Handlungspraxis mit ein. Dieser Prozess ist als fortlaufender Prozess zu verstehen, welcher aus der Logik einer evolutionären Haltung auch keinen Abschluss finden kann. Lediglich durch das Beenden des Arbeitsverhältnisses wird der Entwicklungsprozess einer evolutionären Haltung, zumindest in Bezug auf das Leitbild dieser speziellen Organisation, beendet. Bei Bewerbungsgesprächen für potenzielle freie Dozierende sollten optimaler Weise mind. drei Personen aus der Organisation anwesend sein. Anwesend für ein Bewerbungsgespräch:

- Management (Koordination)
  Für die Gesamt-Koordination zuständige Person, die als Vertreter*in des Leitbildes und der Grundwerte der Organisation in deren Sinne die Bewerber*innen auf Viabilität prüft und versucht diese einzuschätzen. Darüber hinaus ist diese Person für alle Fragen seitens der Bewerber*innen in Bezug auf die Verwaltung (Verträge, Honorare, etc.) und Organisation zuständig.

- Begleitung
  Eine Person, welche für die anfängliche Begleitung der potenziellen Begleiter*innen zuständig ist und für Fragen zum Leitbild und der Handlungspraxis zur Verfügung steht. Diese Person begleitet auch die ersten Unterrichtseinheiten und gibt konstruktives Feedback.

- Kollegium
  Eine mit der Handlungspraxis bereits vertraute Person, die in Bezug auf den Bedarf Erfahrungswerte vorweisen kann und ihre Einschätzung zu den Bewerber*innen abgibt.

Ablauf des Bewerbungsgesprächs: Der erste Teil des Gesprächs besteht aus Fragen an die Bewerber*innen, welche durch die Beantwortung Rückschlüsse auf die Haltung der Bewerber*innen ermöglicht. Der zweite Teil des Bewerbungsgesprächs ist informativer Natur, bei dem die Beteiligten der Koordination (Management) beschreiben, wie sich das Leitbild und die Haltung auf die Handlungspraxis auswirken. Dies gibt den Bewerber*innen früh die nötigen Hinweise, ob ein Engagement in der Organisation für sie in Frage kommt oder nicht. Dieser Teil, in dem die Konsequenzen und Herausforderungen des Leitbilds auf die Arbeit dargestellt werden, ist auch sehr wichtig für die Bewerber*innen, da sie dadurch besser entscheiden können, ob die Einrichtung zu ihnen passt.

Den Bewerber*innen wird zeitnah das Ergebnis bzw. die Entscheidung aus dem Gespräch mitgeteilt. Bei einem positiven Bescheid seitens der Organisation wird ein Probearbeitstag vereinbart, welcher von einer verantwortlichen Person (Dozierendenbegleiter*in) begleitet wird. Im Anschluss an den Probetag findet ein Reflexionsgespräch statt, um ggf. eine von beiden Parteien gewünschte weitere Zusammenarbeit zu prüfen. Die für die Bewerber*in zuständige Person tauscht ihre Eindrücke und Informationen zeitnah mit dem Rest des zuständigen Bewerbungsteams aus. Einer der wichtigsten Bestandteile des Bewerbungsprozesses ist das Auswertungsgespräch mit den Studierenden, welche an der Probelerneinheit teilgenommen haben. Wie auf den restlichen Ebenen des Lernprozesses werden alle Beteiligten miteinbezogen. Sollte auch bei den Studierenden der Wunsch einer Zusammenarbeit bestätigt werden, wird ein Honorarvertrag für 4 Wochen aufgesetzt, in denen die Bewerber*innen in den Unterrichten begleitet werden. Regelmäßige Reflexionsgespräche mit den zuständigen Begleiter*innen in diesen 4 Wochen sollen einerseits den Blick für die bedeutenden Elemente und Prozesse der Arbeit in der Organisation schärfen und anderseits den Begleiter*innen einen besseren Eindruck von den Bewerber*innen ermöglichen. Außerdem wird dadurch die Wichtigkeit der Reflexionsgespräche etabliert. Nach vier Wochen Einarbeitung findet ein abschließendes Gespräch mit der Koordination statt, auch bei diesem Gespräch fließen die Eindrücke der Studierenden mit ein. Die Wichtigkeit der Aufrechterhaltung der Atmosphäre und des Leitbilds in den Unterrichten macht eine enge Begleitung in der Anfangszeit unabdingbar. Trotzdem ist es auch bei längerer Beteiligung an der Organisation immer noch wichtig, dass die Grundsätze bewusst und nachvollziehbar bleiben. Aus diesem Grund liegt ein weiterer Schwerpunkt auf Folgendem:

6.4.2.3 Fort- und Weiterbildung

Damit sich Menschen autonom im Sinne einer evolutionären Haltung innerhalb einer Organisation bewegen können, ist es wichtig, dass diese verstehen, warum u.a. eine positive Atmosphäre wichtig ist und warum es wertvoll ist, dies im Sinne einer qualitativen Arbeit zu erzeugen und aufrechtzuerhalten (vgl. Duwe, 2020, S. 168). Die Etablierung einer Fortbildung ist ein effektives Instrument, um die theoretischen Grundannahmen des Leitbilds und einer evolutionären Haltung näher zu bringen und den Mitarbeiter*innen mittels Coaching in Form von Selbsterfahrungsprozessen bewusst und erfahrbar zu machen. Neben den Theorien zu Konstruktivismus, Systemtheorie, universeller Unterricht, Flow, humanistische Psychologie sowie Akzeptanz-

und Commitment-Therapie zählen auch naturwissenschaftliche Erkenntnisse aus dem Feld der Hirn- und Kognitionsforschung und Synergetik zu den Inhalten. Darüber hinaus wird das menschliche Motivationssystem u.a. anhand der Psychosynergetik eingehend betrachtet. Der erste Teil einer evolutionären Haltung ist bei Begleiter*innen erreicht, wenn es ihnen gelingt Studierende als autopoietische, nichttriviale, strukturdeterminierte psychische Systeme (vgl. Simon, 2006, S. 78) zu betrachten, welche durch die strukturelle Kopplung in ihrer Entwicklung an ihre Umwelten gebunden sind und umgekehrt, wobei Begleiter*innen durch Kommunikation zum einem Teil der Umwelten werden (vgl. Simon, 2006, S. 82–83) und wenn sie verstehen, welche Konsequenzen das für das Lernen hat. Auch die Erkenntnis, dass der Prozess der Akkommodation für die betreffenden Systeme mit einem hohen Energieaufwand verbunden ist und jede*r auf diesen Stress strukturdeterminiert reagiert, muss verstanden werden und anhand der Selbsterfahrung in den Fortbildungsprozessen auch im Alltag berücksichtigt werden können. Diese Zusammenhänge müssen eine plausible Begründung für Begleiter*innen sein, der Achtsamkeit in der Kommunikation mit Studierenden ein hohes Maß an Bedeutung zuzugestehen. Die einzelnen Elemente müssen in ihrer Plausibilität erfahrbar gemacht werden. Die Herausforderung für die Coaches und Fortbilder*innen liegt somit auch darin, selbst durch eine evolutionäre Haltung eine positive Atmosphäre zu ermöglichen. Das Resultat sollte sein, dass das Leitbild und die Handlungspraxis ganz natürlich auch in der Ausbildung für eine evolutionäre Haltung Anwendung findet. Darauf aufbauend wäre nicht die Erklärung, welche Methoden und Instrumente es gibt und wie diese *benutzt* werden von Relevanz, sondern die Durchführung mit den teilnehmenden Dozierenden. Durch die Selbsterfahrung können sich die Begleiter*innen mit dem vertraut machen, wie die Studierenden die Grundsätze der Schule erleben und deren Perspektive einnehmen. Dies schafft gute Voraussetzungen für ein authentisches Auftreten der Begleiter*innen in der Handlungspraxis in Bezug auf die Grundsätze und das Leitbild. Sie werden zu Vertreter*innen des Leitbildes und Multiplikatoren innerhalb und außerhalb der Organisation, was wiederum einen verstärkenden Effekt auf die Organisation als Organismus und Ökosystem hat. Die Heranführung an ein Leitbild und die Etablierung einer evolutionären Haltung kann nicht als Einmal-Handlung, im Sinne einer inhaltlich und zeitlich determinierten Fortbildung, verstanden werden. Vielmehr handelt es sich um einen kontinuierlichen Prozess des Sinnstiftens und der Orientierung (vgl. Duwe, 2020, S. 85). Dadurch wird auch die Bedeutung und die Ausgestaltung der Rollen wie die der Koordination (Management) oder der Ebene der Begleitung der Begleiter*innen klar, welche als Vertreter*innen des Leitbildes für die Fragen und Ängste der restlichen Beteiligten in Bezug auf Fragen und Problem zur Haltung, zum Leitbild und zur *richtigen* Handlungspraxis adressierbar sind (vgl. Klasing, 2019, S. 79).

6.4.3 Qulitätsmanagement

Ein Leitbild, wie es oben als Vorschlag für eine evolutionäre Schule (Organisation) benannt ist, hat einen großen Einfluss auf die Handlungspraxis und fordert eine professionelle Haltung ein, welche aus der klassischen Ausbildung für Lehrer*innen nicht hervorgeht (Fiegert & Solzbacher, 2014, S. 41). Umso bedeutender erscheint hier die Notwendigkeit der Etablierung eines konsequent umzusetzenden Qualitätsmanagements[15]. Ziel ist es Strukturen, Prozesse und Elemente zu etablieren, welche in ihrer Beschaffenheit die Grundsätze des Leitbildes berücksichtigen und gleichzeitig zum Erhalt einer qualitativ hochwertigen Umsetzung der Grundsätze in die Handlungspraxis beitragen. Je komplexer ein System bzw. eine Organisation beschaffen ist, desto weniger ist sie für eine Hierarchie der Pyramidenstruktur geeignet. Ab einem gewissen Grad der Komplexität eignet sich eine Koordinationsstruktur der verteilten Autorität und Verantwortung wesentlich besser, um Effizienz und Qualität auf einem hohen Niveau zu halten (vgl. Laloux, 2017, S. 59). Diese Organisationsstrukturen gilt es im Qualitätsmanagement zu erfassen und zur konsequenten Umsetzung und Weiterentwicklung beizutragen. Im Folgenden sind Vorschläge für qualitätssichernde Elemente formuliert, welche selbst fortlaufend

[15] Gemeint ist hier nicht ein Qualitätsmanagement-System für eine AZAV-Zertifizierung oder Maßnahmenzulassung (DIN ISO 9001:2015, DIN ISO 29990:2010), sondern qualitätssichernde Strukturen die sich auf die Handlungspraxis und die Organisation einer (vorgeschlagenen) evolutionären Schule beziehen.

auf ihre Wirksamkeit, Viabilität wie auch Aktualität hin überprüft werden müssen.

6.4.3.1 Klausur und regelmäßige Treffen

Um eine höchstmögliche Transparenz und Partizipation der festen Mitarbeiter*innen und freien Dozierenden an der Projekt- und Organisationsentwicklung zu ermöglichen, sind entsprechende Beteiligungsinstrumente in der Organisationsstruktur installiert.

- Regelmäßige rollen- und aufgabenbezogene Planungs- und Reflexionstreffen: Diese Art der Treffen wird in Bezug auf Inhalte und zeitliche Determination (Länge und Frequenz) von den jeweils Beteiligten evaluiert und festgelegt.

    - Koordinations- und Steuerungstreffen
      Alle festangestellten Mitarbeiter*innen, das Management und Koordination treffen sich verbindlich möglichst einmal in der Woche, um die vergangene Woche zu besprechen bzw. zu reflektieren. Dabei wird auch die kommende Woche geplant. Die Koordination teilt hier anstehende Prozesse, Projekte bzw. Veränderungen mit. Interessierte Honorarkräfte können bei Bedarf ebenfalls teilnehmen.

    - Tutor*innentreffen
      Schwerpunkt dieses Treffens ist der Austausch über die Studierenden und deren Persönlichkeitsentwicklung in Bezug auf die Selbstwissenschaften. Darüber hinaus geht es um den Austausch über evaluierte bzw. erkannte und umgesetzte Bedarfe und die sich daraus ggf. beobachtbare Wirkungen. Gerade bei einer hohen Anzahl an Studierenden stellen solche Treffen durch ihren struktur- und orientierungsgebenden Charakter in Bezug auf eine radikale Bedarfsorientierung ein qualitätssicherndes Element dar. An diesen Treffen kann nach Bedarf jede*r Beteiligte*r teilnehmen.

- Dozierendentreffen
  Zweck dieses Treffens ist zum einen eine kollaborative Reflexion über die Entwicklung und die individuellen Lernfortschritte der Studierenden und zum anderen die Planung und Anpassung der Stundenverteilung. Die Anwesenheit von Tutor*innen oder zumindest Repräsentant*innen, welche relevante Erkenntnisse in ein Tutor*innentreffen tragen können, ist empfehlenswert, da hier direkt Erkenntnisse und relevante Informationen über Studierende ausgetauscht werden können. Zu Prüfungszeiten ist die Anwesenheit von Prüfungsbegleiter*innen ebenfalls von grundlegender Wichtigkeit, um eventuell auftretende Hindernisse für das erfolgreiche Bestehen der Prüfung frühzeitig zu erkennen.

- Prüfungsbegleiter*innentreffen
  Da Prüfungen und besonders Abschlussprüfungen als Nichtschülerprüfungen von Senatsseite aus determiniert sind und nicht das ganze Jahr über stattfinden, wird die Frequenz dieser Treffen eher zu Prüfungs- und Anmeldezeiten erhöht sein. Die individuellen Schwierigkeiten bei der Anmeldung und Vorbereitung zur Prüfung und die externen Einflüsse (Anmeldeprozess, Unterlagenbeschaffung, Veränderungen in der Gesetzgebung oder den Voraussetzungen der Senatsverwaltung, u.a.) können hier besprochen werden. Damit zusammenhängende Prozesse für die Organisation (Schule) werden hier koordiniert.

- Dozierendenbegleiter*innentreffen
  Eine Notwendigkeit für diese Treffen besteht vor allem bei Neueinstellungen von Honorarkräften. Hier werden nach Bedarf Treffen angesetzt und folgen dann ggf. den Vorgaben eines durch das Qualitätsmanagement determinierten Onboarding Prozesses. Je nach Situation ist die Anwesenheit der Koordination notwendig, andere Beteiligte der Organisation können nach Bedarf teilnehmen.

- Supervision
  Alle festangestellten Mitarbeiter*innen und die Koordination nehmen verbindlich gemeinsam an einer regelmäßig stattfindenden Supervision teil, welche extern begleitet und moderiert wird. Honorarkräfte können bei Bedarf ebenfalls teilnehmen. Die Anwesenheit ist für Honorarkräfte nicht verbindlich, jedoch für die Organisation von Vorteil. Zweck ist es einen Raum zur Reflexion im Team zu schaffen, welcher nicht ausschließlich durch inhaltliche und formale Themen bestimmt wird. Team-Building und Austausch stehen im Mittelpunkt. Da die Atmosphäre in der Organisation eine sehr hohe Bedeutung hat, müssen Konflikte und Schwierigkeiten schnellstmöglich bearbeitet und möglichst ausgeräumt werden. Bei neuen Mitarbeiter*innen (Festangestellte oder Honorarkräfte) wird ein passender Moment für den Einstieg abgewartet, um nicht ins Fahrwasser von Prozessen zu geraten, von den sie nicht berührt sind oder bei denen die aktuell Beteiligten wünschen, sie in alter Besetzung abzuschließen.

- Gesamt-Treffen und Klausur
  Das einmal im Monat stattfindende Gesamt-Treffen ist ein Treffen, bei dem alle festangestellten Mitarbeiter *innen, Koordination und freie Dozierende teilnehmen, um aktuelle und zukünftige Prozesse, Aufgaben und Inhalte, welche die ganze Organisation betreffen, zu besprechen bzw. zu reflektieren. Für die Festangestellten ist dieser Termin verpflichtend, freien Dozierenden steht es frei an diesen Treffen teilzunehmen. Bei Beschlüssen, die die Organisation betreffen, zählen alle Stimmen gleich. Parameter und Ablauf von Gesamt-Treffen:

  - Eine gewählte Moderation führt durch das Treffen.
  - Es werden alle Bedarfe und Punkte auf einer To-do-Liste sichtbar erfasst und in Absprache mit allen Beteiligten abgearbeitet.
  - Jedes Treffen muss protokolliert und zeitnah für alle Beteiligten, insbesondere die Nichtanwesenden, bereitgestellt werden.

- Beschlüsse werden nach dem Mehrheitsprinzip entschieden und dürfen den Werten und Idealen des Leitbilds nicht entgegenstehen oder diese gefährden.
- Beschlüsse, die das Leitbild direkt betreffen bzw. eine Änderung bewirken würden, werden nicht im Gesamt-Treffen getroffen, sondern an einem gesonderten Treffen (Klausur) diskutiert und entschieden.

- AGs
  Für Projekte und Aufgaben können Arbeitsgruppen geschaffen werden. Hier ist bei freien Dozierenden eine ehrenamtliche Tätigkeit zu prüfen, eine Bezahlung kann nur durch ausreichende Geldmittel erfolgen und muss entsprechend vereinbart sein. Parameter und Ablauf:

  - Es wird eine für die Gruppe hauptverantwortliche Person ausgewählt.
  - Jedes Treffen muss protokolliert werden und allen Beteiligten der Organisation zur Verfügung gestellt werden.
  - Beschlüsse werden nach dem Mehrheitsprinzip entschieden, dürfen den Werten und Idealen des Leitbilds nicht entgegenstehen und diese nicht gefährden.
  - Beschlüsse müssen im Gesamt-Lab vorgetragen werden, sind hier jedoch nicht erneut zur Abstimmung zu stellen. Lediglich die für die Finanzen zuständigen Personen haben ein Veto-Recht.

6.4.3.2 Bedarfsmanagement

Die Abfrage bzw. fortlaufende Evaluierung von Bedarfen der Studierenden ist fester Bestandteil der Handlungspraxis und kann auf organisatorischer Ebene wie in Abbildung 13 dargestellt einem festlegten Prozessablauf unterworfen werden. Bedarfe können direkt an die Begleiter*innen gerichtet werden, es werden (Bedarfs-)Briefkästen angebracht oder andere Übermittlungsformen der Bedarfe etabliert. Es gibt diverse Möglichkeiten Bedarfsevaluationen auch digital durchzuführen. Alle evaluierten Bedarfe sollten zur Sicherstellung über das Koordinations- und Steuerungstreffen kanalisiert werden. Hier werden alle neuen Bedarfe erfasst und mit laufenden Bedarfen, zwecks Feststellung von Überschneidungen, abgeglichen. Neue Bedarfe werden im Protokoll entsprechend vermerkt und einer verantwortlichen Person zugeordnet, die mit der Umsetzung und Realisierung des Bedarfs beauftragt wird. Bei den wöchentlichen Koordinierungs- und Steuerungstreffen wird der aktuelle Stand der laufenden Bedarfe besprochen, solange bis dieser Bedarf entweder intern oder extern in die Praxis überführt wurde und damit als erfüllt gilt. Es wird in Arten von Bedarfen unterschieden, zum einen den *Lernbedarfen* und zum anderen den *Lernumweltbedarfen.*

- Lernbedarfe

Hierbei handelt es sich um Bedarfe für Lerninhalte und damit zusammenhängendes Material. Wenn diese geäußert werden und die Umsetzung ansteht, sollten sie potenziell für andere zugänglich gemacht werden. So könnte der Bedarf geäußert werden sich tiefergehend mit Astronomie auseinander zu setzen oder die Sprache Arabisch lernen zu wollen. Eine unkomplizierte Abfrage innerhalb der Schule, wer noch Interesse hat und wie tiefgreifend das Interesse ist, gibt Orientierung über den Umfang, welcher mit der Bedarfserfüllung verbunden ist, also wie groß der Kurs werden könnte. Sollten diese Lernbedarfe nicht aus den bestehenden Personalressourcen bedient werden können, wird eine entsprechende Stelle ausgeschrieben und veröffentlicht. Bei dem Bedarf mit neuer 3D-Brillentechnik zu lernen kann ebenfalls der Bedarf veröffentlicht werden, sollten genügend Geldmittel vorhanden sein, würde anhand der geäußerten Menge an Bedarfen eine Anschaffung mit den interessierten Studierenden diskutiert. Falls keine Geldmittel vorhanden sind, wird gemeinsam mit den Studierenden nach alternativen Möglichkeiten (Spendenaktion, Akquise und Sponsoring, Trödelmarkt, Ausleihe, etc.) gesucht. In jedem Fall werden Synergie- und Aushandlungsprozesse Teil der gemeinschaftlichen Auseinandersetzung mit den Lernbedarfen und deren Erfüllung.

- Lernumweltbedarfe

Mit *Lernumweltbedarfen* sind die individuellen Bedarfe der Studierenden in Bezug auf die für sie passenden Rahmenbedingungen im Lernprozess gemeint. So könnten Studierende für sich bemerken, dass sie erst am späten Vormittag besonders lernfähig sind. Ein anderer Studierender bevorzugt es für sich allein im Stillen zu lernen, andere sitzen oder liegen beim Lernen gerne auf bequemen Möbeln und warmer Raumtemperatur. Andere Studierende mögen gern kollaborative Lernprozesse an einem Computer zu erleben und das evtl. lieber online statt in Präsenz. Diese Bedarfe müssen nicht unbedingt öffentlich gemacht werden und betreffen die Rahmenbedingungen der Individuen. Für *Lernumweltbedarfe* gelten (wie auch für *Lernbedarfe*) die in Kapitel 6.1 beschriebenen Grundvoraussetzungen zur Bedarfserfüllung im Kontext einer radikalen Bedarfsorientierung.

Wie der Ablauf und die Struktur eines Erfüllungsprozesses gestaltet werden können, ist im folgenden Vorschlag beschrieben:

- Sobald ein Bedarf evaluiert (mündlich, schriftlich, online) ist wird als erste Maßnahme geklärt, ob dieser Bedarf intern, also in der Organisation, oder extern realisiert werden kann. Es wird auch festgestellt, ob es sich um einen Lernbedarf oder einen Lernumweltbedarf handelt.
- Bei externen Lernbedarfen wird zusammen mit den Studierenden eine passende Adresse bzw. Lösung gesucht.
- Bei Lernbedarfen, die sich aus zu klärenden Gründen nur intern realisieren lassen, wird der Bedarf öffentlich gemacht und idealerweise ab einer Anmeldung von zwei interessierten Studierenden ein*e entsprechende*r Fachexpert*in gesucht und nach dem im Qualitätsmanagement beschriebenen Bewerbungsprozess akquiriert.

Bedarfsmanagement Prozessablauf

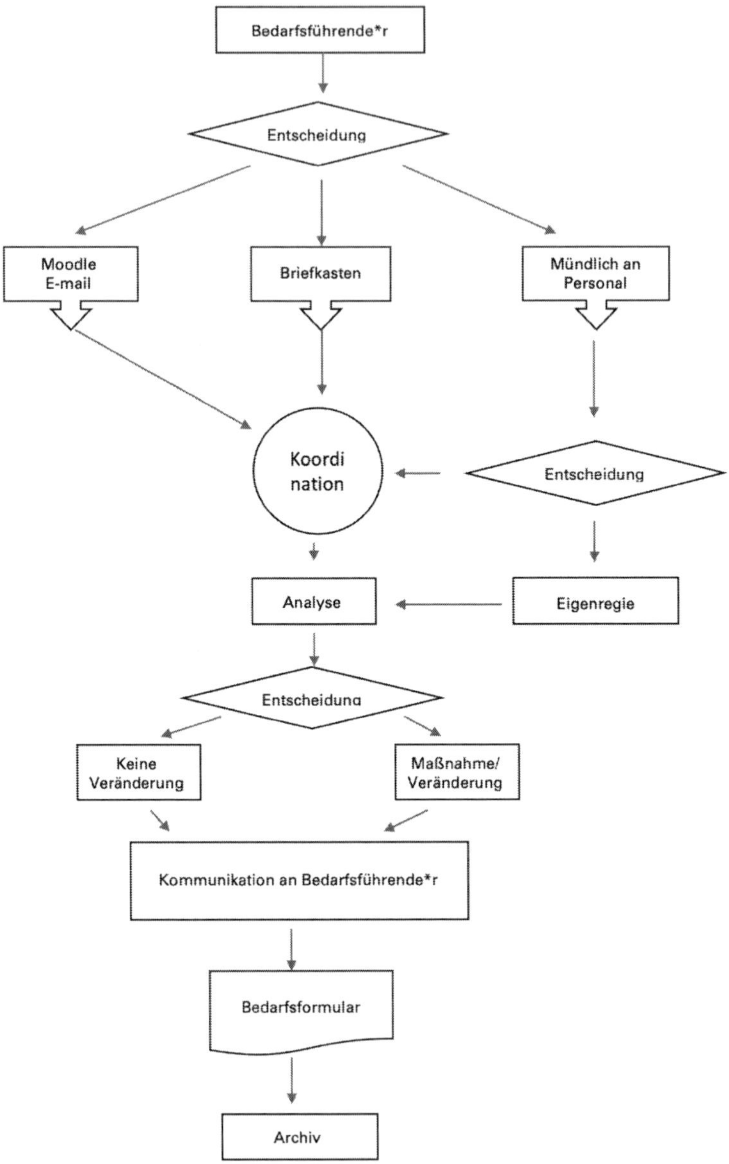

Abb. 13: Darstellung eines festgelegten Prozessablaufs im Bedarfsmanagement in Bezug auf die Umsetzung evaluierter Bedarfe.

6.4.4 Abläufe und Strukturen

Was für Studierende im optimalen Falle durch eine (möglichst) geschaffene positive Atmosphäre als natürliche, leichtläufige Abläufe und Strukturen wahrgenommen wird, steht auf einem durchaus komplexen (Struktur-)Fundament. Um die Stabilität zu erhalten und weiter zu verfestigen, ist zum einen eine konsequente und das Gesamtkonstrukt im Blick behaltende Koordination notwendig und zum anderen ein Grundverständnis bei allen Beteiligten der Organisation für die Komplexität dieser Strukturen und die Bedeutsamkeit ihrer konsequenten Koordination. Das folgende Flussdiagramm gibt einen Eindruck der Komplexität der Strukturen, gleichzeitig bietet es Orientierung innerhalb der Abläufe. Die im Folgenden beschriebenen Strukturen und Elemente sind in den letzten Jahren in der Handlungspraxis unterschiedlicher Projekte entstanden und haben sich fortlaufend weiterentwickelt. In ihnen steckt jahrelange Bedarfsanalyse und Problemlösungsenergie, mit der sie sich auch jederzeit weiterentwickeln können. Dabei haben sie ihre Bedeutung und Wichtigkeit für die Organisation unter Beweis gestellt und sich in ihrer Wirksamkeit beständig gezeigt.

6.4.4.1 Struktur der Handlungsabläufe

Das in Abbildung 14 dargestellte Flussdiagramm gibt einen Eindruck der Komplexität der Strukturen eines autonomiebasierten Lernansatzes, gleichzeitig bietet es Orientierung für alle Beteiligten innerhalb der Abläufe. Die Begriffe werden nachfolgend erklärt.

- Anwesenheit / Anmeldung

  Die Anwesenheit ist außerhalb der Schulpflicht grundsätzlich freiwillig und es ist möglich auch ohne Anmeldung teilzunehmen. Eine Anmeldung wird notwendig bei speziellen Bedarfen der Studierenden: Studierendenausweis, Immatrikulation und Onlinezugang (Account), Nichtschülerprüfungen, Nachweis für Ämter und Institute, bestehende Schulpflicht.

  Für (minderjährige) Studierende, die der Schulpflicht unterliegen, bedeutet *freiwillige Anwesenheit,* dass sie zwar verpflichtet sind, sich im Gebäude bzw. in Reichweite Fürsorgeberechtigten zu

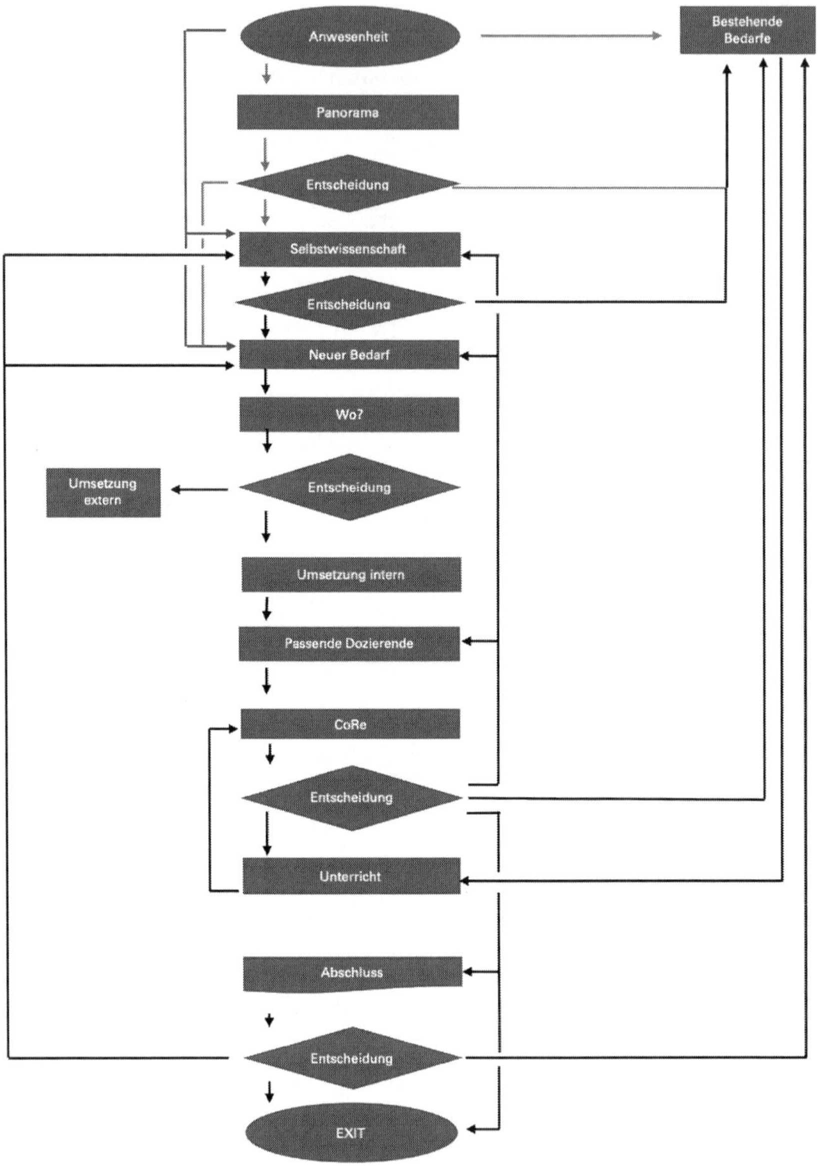

Abb. 14: Flussdiagramm zur Struktur von Handlungsabläufen evolutionärer Lernprozesse

bewegen, jedoch nicht an bestehenden Kursen oder Angeboten teilnehmen müssen.

Hier wird u. a. den psychologischen Bedürfnissen wie Sicherheit, Anerkennung oder auch Zugehörigkeit Rechnung getragen (vgl. Maslow, 1981, S. 66–74). Jede*r ist willkommen und akzeptiert, ohne dafür eine Leistung erbringen zu müssen oder sich als wertvoll zu beweisen.

Bei der Anmeldung handelt es sich um ein Dokument in Form eines Anmeldeformulars, welches die notwendigen Daten zur Immatrikulation erfasst. Es stellt auch sicher, dass die Studierenden Zugang zu einer ggf. bestehenden Online-Plattform bekommen sowie einen Studierendenausweis erhalten können. Darüber hinaus ist dem Anmeldeformular ein Fragebogen angehängt, durch dessen Bearbeitung sichergestellt wird, dass mit der Anmeldung die Studierenden über die Möglichkeit der Selbstwissenschaften informiert sind. Dieser Prozess, also die Bearbeitung des Fragebogens, wird von Tutor*innen begleitet.

- Panorama
  Mit *Panorama* ist eine Phase gemeint, in der die Studierenden sich innerhalb der Organisation orientieren, nach Bedarf und probeweise an Kursen teilnehmen oder sich für eigene Bedarfe von den bestehenden Bedarfen inspirieren lassen. Lernziele zu entdecken, welche die eigenen Werte berühren und so intrinsische Motivation erzeugen, sind wichtige Voraussetzungen für nachhaltige Lernprozesse (vgl. Hüther, 2016, 62–63). Dieser Suche wird mit der Panorama-Phase Raum und Zeit gegeben.

- CoRe (Collaborative Reflexion)
  Ein Reflexionsprozess, welcher unterschiedliche Formate haben kann und sich im *Kern* durch kollaborative Reflexion und Feedback zwischen Dozent*in und Student*in in einem Zweiergespräch, als auch den Studierenden untereinander wie auch Begleiter*innen untereinander auszeichnet. Hier werden u. a. die Rahmenbedingungen und Entwicklungspotenziale für die Lernsessions ermittelt.

- Gruppen-CoRe
  Nach Bedarf regelmäßig oder nach jeweiliger Vereinbarung stattfindende Gruppentreffen, in denen Raum geschaffen wird für Bedarfe, Austausch und Reflexion. Hier können neue Bedarfe entstehen (u.a. neue*r Dozent*in, neue Inhalte, andere Uhrzeit, Formate, etc.) zu besprechen und herauszufinden. Hier werden auch Konflikte adressiert und bearbeitet. Es finden demokratische Aushandlungsprozesse statt, in denen Kompromisse entwickelt werden, die die verschiedenen Bedarfe bestmöglich abdecken.

- Einzel-CoRe
  Bei dem begleiteten Prozess des Ausfüllens des Anmelde- bzw. Fragebogens handelt es sich im Grunde schon um die erste Einzel-CoRe, da hier bereits eine erste Reflexion des*r Student*in über die eigenen Bedarfe stattfindet und an die verschiedenen Dimensionen der Selbstwissenschaften herangeführt wird. Nach Bedarf können CoRes auch weiterhin in Einzelgesprächen geführt werden. Eine CoRe kann aber auch spontan während einer Lernsession entstehen, wenn ein*e Dozent*in sich beispielsweise durch eine Situation, in der die Stärken einer Person besonders deutlich zeigen, veranlasst sieht, diese der Person auch direkt zu reflektieren.

Mit den Annahmen der humanistischen Psychologie und der Betrachtung des Menschen als ein positives, soziales Wesen, das in seinem Bestreben nach Kohärenz ein positives soziales Miteinander bevorzugt (vgl. Hinte, 1980, S. 50), erscheint der Ansatz eine positive Atmosphäre zu etablieren passend. Das Entstehen der Atmosphäre, unter Berücksichtigung der Aspekte der Koevolution, durch ein positives und authentisches Feedback zu begünstigen erscheint durchaus plausibel. Das macht jede Form von CoRe, ganz gleich ob Einzel- Gruppen- oder Feedback-Portrait zu einem bedeutsamen Instrument in der Kommunikation.

- Feedback-Portrait
  Ein weiteres Instrument der Collaborative Reflexion ist das Feedback-Portrait: ein stärkenorientierter Text über die individuellen Stärken, Kompetenzen sowie fachlichen und persönlichen Entwicklungsprozesse der einzelnen Lernenden. Der Text speist sich durch Feedback von unterschiedlichen Beobachter*innen und Quellen (Online-Evaluation, Dozierende, Begleiter*innen, andere Studierende). Ein Beispiel für ein solches Feedback-Portrait ist dieser Arbeit angehängt. Ein solches Feedback-Portrait kann im Kontext von Ersetzungsschulen auch als Entwicklungsbericht genutzt werden, welcher einmal jährlich an entsprechende Personen oder Institutionen ausgegeben werden kann. Zielgruppe für ein Feedback-Portrait wären dann neben den Studierenden selbst auch beispielsweise Eltern (bei minderjährigen Studierenden) oder das Schulamt (Nachweis über Lernentwicklung).

- Unterricht
  Der Unterricht wird von den Studierenden nach den eigenen Bedarfen gestaltet. Die Gestaltung bezieht sich hier auf den Inhalt und die Rahmenbedingungen, also was, wann, wo, wie und mit wem gelernt werden soll (vgl. Kapitel 6.1, radikale Bedarfsorientierung). Die Rahmenbedingungen werden in einer CoRe ermittelt. Den aktuellen Erkenntnissen der Hirnforschung folgend wird Unterricht als Erfahrungs- und Gestaltungsraum verstanden, welcher von und durch die Studierenden gestaltet wird, um so die intrinsische Motivation zu begünstigen (vgl. Hüther, 2016, S. 157-158).

- Bestehende Kurse
  Aus den Bedarfen der Studierenden bereits in der Vergangenheit entstandene und andauernde Kurse, welche für alle Interessierten zugänglich sind. Die Rahmenbedingungen werden mittels CoRe ausgehandelt und angepasst.

- Selbstwissenschaft
  Die bewusste oder unbewusste Auseinandersetzung bzw. Beschäftigung mit dem eigenen Selbst, den individuellen Werten, Wün-

schen und Zielen, wird als wichtiger und essenzieller Prozess zur Persönlichkeitsentwicklung und damit fester Bestandteil in der Arbeit mit den Studierenden betrachtet (vgl. Kapitel 6.1, Selbstwissenschaften).

- Umsetzung extern
  Viele Lernbedarfe werden bereits in anderen Einrichtungen angeboten. Wenn es für die Studierenden passend ist, können sie dorthin vermittelt oder begleitet werden. Teilweise geht es nur darum, die Information für die Umsetzung des Bedarfs zu recherchieren und den Studierenden mitzuteilen (z. B. Englischkurs an der VHS).

- Umsetzung intern
  Sobald Studierende einen neuen Bedarf äußern und melden, wird dieser nach Möglichkeit (vorhandene Mittel, Personal, etc.) umgesetzt. Hierbei wird unterschieden in Lernbedarfe und Lernumweltbedarfe. Sollte ein Lernbedarf neue Personalressourcen erfordern wird der Bedarf veröffentlicht, um anderen Interessenten*innen die Teilhabe zu ermöglichen (vgl. Kapitel 6.4.3.2). Idealerweise wird ein Lernbedarf ab zwei interessierten Studierenden umgesetzt, also entsprechende Dozierende gesucht und die Rahmenbedingungen bei einer ersten CoRe mit Studierenden, Dozierenden und Tutor*in vereinbart (vgl. Kapitel 6.4.4.1).

- Passende Dozierende
  Für eine evolutionäre Schule sind Fachexperten*innen nötig, welche zusätzlich zur fachlichen Expertise die notwendige nicht-direktive Haltung und ein positives Menschenbild mitbringen. Studierende entscheiden, ob die Dozierenden für sie passend sind. Für Dozierende gelten die Grundsätze der evolutionären Schule (vgl. Kapitel 6.1) sowie die Vorgaben des Leitbildes (vgl. Kapitel 6.2) und eine evolutionäre Haltung (vgl. Kapitel 6.3) für die Orientierung in der Handlungspraxis.

- Abschluss
  Gemeint sind staatlich anerkannte Schulabschlüsse wie BBR, EBBR, MSA und Abitur. Die dafür zu absolvierenden Nichtschü-

lerprüfungen werden an externen Schulen durchgeführt oder die Organisation verfügt über den Status einer anerkannten Ersetzungsschule und ist damit prüfungsberechtigt (vgl. Berlin, 2004).

6.4.4.2 *Kommunikationsstruktur*

Die Kommunikationsstruktur, wie sie in Abbildung 15 dargestellt ist, ergibt sich aus notwendiger Agilität innerhalb einer evolutionären Organisation als Schule, um der radikalen Bedarfsorientierung gerecht zu werden. Eine solche Struktur ermöglicht bei gleichbleibender Qualität der Rahmenbedingungen zum einen schnell und flexibel auf Bedarfe reagieren zu können und zum anderen einer hohen Anzahl von Studierenden einen autonomiebasierten Lernansatz zu ermöglichen.

Legende zur Darstellung in Abb. 15

1) Studierende nehmen an Unterricht teil.
2) Studierende adressieren bei Bedarf Tutor*innen.
3) *Tutor*innen* zeigen Präsenz während der Kernzeiten und sind jederzeit adressierbar.
4) *Tutor*innen* geben die evaluierten Bedarfe der Studierenden in Bezug auf Lerninhalte, Rahmenbedingungen an die *Koordinationsassistenz* weiter.
5) *Koordinationsassistenz* erfragt fachliche Kompetenzen und zeitliche Ressourcen der Dozierenden.
6) *Koordinationsassistenz* erstellt Unterrichtsplan anhand der Bedarfe der Studierenden unter Berücksichtigung der personellen Ressourcen innerhalb der Organisation einer evolutionären Schule.
7) *Koordinationsassistenz* kommuniziert personelle, zeitliche und räumliche Engpässe und andere Problematiken bei der Bedarfserfüllung mit der Koordination. Die Koordination erfragt ihrerseits regelmäßig die Einschätzung der Koordinationsassistenz zur Qualität des laufenden Betriebs. Der Fokus liegt auf dem Personal und den damit verbundenen Zusammenhängen.
8) *Koordination* und Tutor*innen reflektieren regelmäßig die Qualität der Handlungspraxis einer evolutionären Haltung mit Fokus auf die Studierenden. Ziel ist die Sicherung der Rahmenbedingungen und damit einer Atmosphäre, die der evolutionären Schule entspricht.
9) *Dozierende* gestalten den Unterricht.
10) *Dozierende* adressieren *Koordinationsassistenz* bei krankheitsbedingten Ausfällen, Urlaub, Materialmangel, evaluierten und neuen Bedarfen von Studierenden, oder ähnlichen Anliegen in Bezug auf die Aufrechterhaltung des Regelbetriebs.
11) Dozierende adressieren bei Bedarf Dozierendenbegleitung.

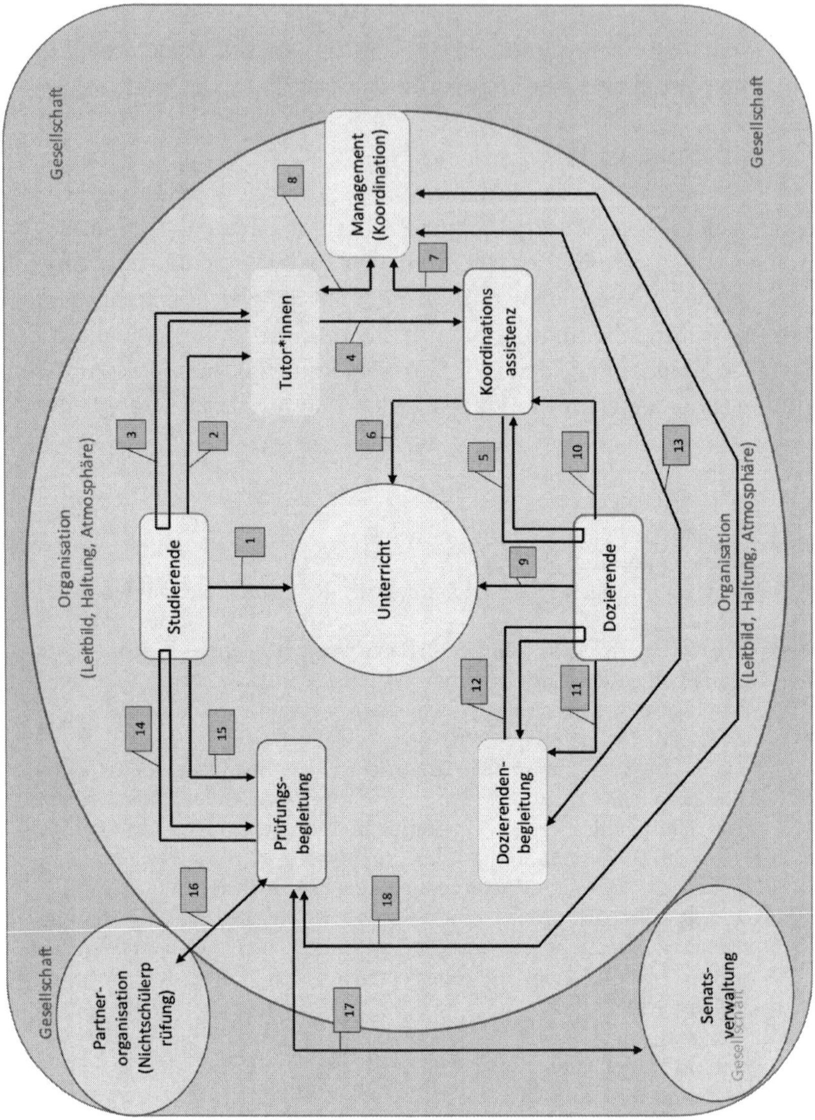

Abb. 15: Darstellung der Kommunikationsstruktur im Kontext eines autonomiebasierten Lernansatzes.

12) *Dozierendenbegleitung* führt regelmäßig Reflexionen mit Dozierenden.
13) *Dozierendenbegleitung* und Koordination führen regelmäßig gemeinsame Reflexionen durch.
14) *Prüfungsbegleitung* informiert mit Beginn der Prüfungssaison über die Prüfungsmöglichkeiten und nimmt ggf. Bedarfe in Bezug auf eine Anmeldung entgegen.
15) Studierende adressieren bei Bedarf Prüfungsbegleitung.
16) *Prüfungsbegleitung* kommuniziert bei Bedarf mit Partnerschule.
17) *Prüfungsbegleitung* kommuniziert bei Bedarf mit der Senatsverwaltung.
18) *Prüfungsbegleitung* und Koordination führen regelmäßige gemeinsame Reflexionen durch.

6.4.5 Dokumentationssystem und Online-Tool

Ab einer gewissen Anzahl von Studierenden ergibt sich eine Notwendigkeit für die Einführung und Nutzung eines auf den Grundlagen des Leitbildes konzipierten Dokumentationssystems, um den Überblick über die individuellen Bedarfe, Interessen und Ziele zu ermöglichen. Idealerweise lassen sich mit Hilfe des Systems Bedarfe erfassen, erkennen ob bereits Bedarfe mit ähnlichen Inhalten existieren, welche Ressourcen zur Bedarfsumsetzung bereits in der Schule vorhanden sind und ob Bedarfe zwischenzeitlich umgesetzt wurden. So lässt sich eine fortlaufende, alle Beteiligten im Blick behaltende und potenzielle Synergieeffekte berücksichtigende Bedarfsumsetzung bewerkstelligen.

Auch die individuelle Entwicklung der Studierenden lässt sich mit Hilfe eines niedrigschwelligen Dokumentationssystems erfassen. Besonders die digitalen Möglichkeiten bieten hier einfache und unkomplizierte Lösungen an um fortlaufende, qualitative Evaluationen durchzuführen. Durch einen Klick auf den Namen der Studierenden ließe sich, je nach Zugangsberechtigung, ein Lern- und Entwicklungsprofil der Studierenden einsehen. Hier wäre der aktuelle Lernstand, die Entwicklung in Bezug auf die Selbstwissenschaften (Selbstwissenschaftsstufen) und je nach Rolle und Bedarf auch eine Checkliste zur Prüfung der Vollständigkeit der für die Nichtschülerprüfungen notwendigen Unterlagen und ggf. zu wählenden Prüfungsthemen einsehbar.

Die Möglichkeit zu haben schnell und unkompliziert Notizen zur fachlichen Entwicklung und getrennt davon auch zur Persönlichkeitsentwicklung der Studierenden abzugeben ist mit Blick auf die Stärkenorientierung und positive Feedbackkultur ebenfalls von großer Wichtigkeit. Gesammelt in chronologischer Reihenfolge sind diese Notizen eine wertvolle Unterstützung bei der Erstellung eines Feedback-Portraits, welches den Studierenden, z.B. im Rahmen einer (die Studierenden zelebrierenden) Gala, überreicht wird.

Aus Perspektive der Studierenden wäre es ohne weiteres möglich Lerninhalte (Text, Audio, Video) bereitzustellen, genauso wie Kommunikation (Messenger, Video-Call, online Unterrichte, etc.) oder Entwicklungsfeedback. Ein solches Online-Tool bzw. System lässt sich beispielsweise über die Open Source Plattform Moodle (Moodle, 2022) kostengünstig und mit überschaubarem Aufwand programmieren.

7 Diskussion

Die Struktur einer *evolutionären Schule* sowie ihre Handlungspraxis so zu konzipieren und zu definieren, dass sie wissenschaftlichen und ökonomischen Maßstäben und dem Ruf von Wirtschaftsunternehmen nach zeitgemäßen Rahmenbedingungen (vgl. Klasing, 2019, 65–66) gerecht wird, ist nicht nur möglich, sondern lässt sich anhand der aktuellen Forschung auch plausibel begründen (vgl. Hüther, 2016, S. 157). Was Joseph Jacotot schon 1815 gestützt durch die Erfolge seiner Entdeckung und Beschreibung des *universellen Unterrichts* proklamierte, nämlich statt extrinsischer und direktiver Verfahren zur Verbesserung der Lernleistung die intrinsische Motivation von Studierenden in den Mittelpunkt zu stellen (Ranciére, 1987, 23–25), wird heute durch neurowissenschaftliche Erkenntnisse in seiner Viabilität im Kontext der kognitiven Entwicklung des Menschen bestätigt (vgl. Hüther, 2016, S. 159). Eine Erkenntnis dieser Arbeit ist die Bedeutung der klar formulierten Grundsätze einer evolutionären Schule sowie eines sich daraus ergebenden systemisch-konstruktivistischen Leitbildes, welches als Kompass für die Organisationsstruktur, die Rahmenbedingungen sowie die Handlungspraxis einer evolutionären Haltung dient, wenn es konsequent umgesetzt wird. Genauso wichtig erscheint es, ein Bewusstsein für das Leitbild und dessen Bedeutung innerhalb der Organisation zu etablieren, welches durch einen fortlaufenden Auseinandersetzungsprozess nicht nur regelmäßige Aufmerksamkeit erfährt, sondern auch auf seine Aktualität und Viabilität hin überprüft und weiterentwickelt wird (vgl. Duwe, 2020, S. 84–85). Die Inhalte eines *evolutionären Leitbildes* bilden ein Destillat aus der Konvergenz von geistes- und naturwissenschaftlichen Erkenntnissen. Wenn ein solches Leitbild die Handlungspraxis und Strukturen einer evolutionären Schule prägen, werden Fortbildungen und engmaschig in die Organisationsstruktur integrierte Reflexionsräume zu bedeutsamen Instrumenten. So lässt sich die Aufrechterhaltung der Qualität im laufenden Betrieb gewährleisten. Ohne qualitätssichernde Organisationsstruktur besteht die Gefahr, dass die oft durch die Gesellschaft und das Schulsystem internalisierten Vorstellungen von *richtiger* Bildung die Entwicklung von evolutionären Bedingungen in einer Schule verwässern bzw. wieder verdrängen. Einer der Gründe hierfür ist der Umstand, dass ein systemisch-konstruktivistisch begründetes Leitbild zum einen in seiner Theorie inhaltlich herausfordernd ist, zum anderen den internalisierten Vorstellungen von *richtiger* Haltung widerspricht (vgl. Christina Schwer, 2014, S. 51). Diese Diskrepanz hat entweder energieaufwendige Akkommodationsprozesse zur Folge (vgl. Simon, 2006, S. 69) oder die Anpassung wird vermieden und das Konzept abgelehnt. Ein energiesparendes Erlangen eines Kohärenzgefühls ist sicher leichter durch eine Assimilation in die Kategorie *unmögliche Vorstellungen von Schule* zu erreichen. Für das Gelingen einer evolutionären Schule reicht es jedoch nicht aus ein systemisch-konstruktivistisches Leitbild in der Theorie nachvollziehen zu können. Vielmehr muss die Fähigkeit ausgebildet werden die Theorie in Form einer evolutionären Haltung authentisch in die Handlungspraxis übertragen zu können. Hier entsteht ein Konflikt im Bereich der Sicherheitsbedürfnisse potenzieller Begleiter*innen. Zu den Sicherheitsbedürfnissen zählen u.a. auch der Bedarf nach Struktur, Ordnung, Gesetzen und Grenzen, welche Orientierung in der Handlungspraxis geben (vgl. Maslow, 1981, S. 66-70). Begleiter*innen, die von Vorstellungen geprägt sind, die besagen, dass im Kontext ihrer Arbeit die Achtung, Anerkennung und Daseinsberechtigung ihrer Person durch eine Form von objektiv richtiger, determiniert fachlicher und pädagogischer Kompetenz begründet wird, werden zwangsläufig in einen Konflikt mit den Grundsätzen und dem Leitbild geraten. Die durch Prägung entstandene Vorstellung aufzugeben, dass eine einzig wahre Wirklichkeit und Wahrheit existiert, und gegen eine konstruktivistische Weltsicht einzutauschen, ist also mit Ängsten seitens der Begleiter*innen verbunden. Dieser Problematik kann nur mit hohem Aufwand an Überzeugungskraft, Reflexion und Zeit begegnet werden. Hier wird die Bedeutung der Rolle des Managements als Visionär*in, Coach*in und Ermutiger*in deutlich, insbesondere im Aufbau einer evolutionären Schule. Für diese Rolle gilt es ein waches Auge für die Begleiter*innen zu haben und aufmerksam in die Organisation hineinzuhören, ob es den Beteiligten im Entwicklungsprozess auch gut geht (vgl. Klasing, 2019, S. 92–95).

Der Grundvoraussetzung einer evolutionären Schule, welche die Persönlichkeit bzw. eine evolutionäre Haltung der Begleiter*innen als wichtiger ansieht als die fachliche Kompetenz, steht die Vorstellung gegenüber, dass vor allem die fachliche Expertise von entscheidender Bedeutung für die Lernerfolge von Studierenden sei (vgl. Fiegert & Solzbacher, 2014, S. 35). Studien zu dieser Frage kommen zu unterschiedlichen Ergebnissen, wenn es darum geht welche Bedeutung bzw. welchen Einfluss die Haltung der Begleiter*innen auf die Studierenden und ihren Lernerfolg hat. So heben Franz E. Weinert und Andreas Helmke 1996 als ein Teilergebnis ihrer SCHOLASTIK-Studie[16] hervor, dass der Erfolg einer guten Lehrkraft sich mehr an der besonderen Qualität ihres professionellen Wissens und Könnens festmachen lässt und weniger an ihrer Persönlichkeit, also dem, wer sie sind. Während die aktuellere Hattie-Studie[17] aus dem Jahr 2008 deutlich macht, wie groß die Bedeutung einer positiven, den Studierenden ethisch zugewandten Haltung der Lehrkräfte ist und den hohen Einfluss auf die Lernerfolge betont (vgl. Fiegert & Solzbacher, 2014, S.19). Diese Forschungsergebnisse entsprechen dem, was auch von Reformpädagon*innen früh proklamiert wurde. Die Art der Formulierung entspricht bei diesen in weiten Teilen den Überlegungen einer evolutionären Haltung. Zum Beispiel betont Montessori die Notwendigkeit der Begrenzung des Einschreitens in die Lernprozesse durch die vermeintliche intellektuelle und physische Überlegenheit der Lehrkräfte. Eine Unterstützung müsse sich an den Bedarfen der Studierenden orientieren und ist in zu hoher Dosis schädlich für die freie Persönlichkeitsentfaltung (vgl. Fiegert & Solzbacher, 2014, S. 31). Hier sind deutliche Parallelen zu der von Joseph Jacotot geforderten Haltung der *Nicht-Vermittlung* der (emanzipierten) Lehrmeister*innen zur Ermöglichung eines *universellen Unterrichts* erkennbar (vgl. Ranciére, 1987, S. 41–43). Die Erkenntnisse dieser Arbeit schließen an diese Postulate an und liefern eine plausible Begründung auf geistes- und naturwissenschaftlicher Basis.

---

[16] „Die SCHOLASTIK-Studie (Schulorganisierte Lernangebote und Sozialisation von Talenten, Interessen und Kompetenzen) wurde von Weinert und Helmke in der Zeit von 1987–1993 durchgeführt (Fiegert & Solzbacher, 2014, S. 19)

[17] John Hattie, ein neuseeländischer Bildungsforscher, ging mit der Studie 2008 mittels Meta-Analyse der Frage nach, welche Faktoren schulischen Lernen beeinflussen (vgl. Fiegert & Solzbacher, 2014, S. 19).

Bei der Frage, ob und inwieweit eine solche evolutionäre Haltung im Rahmen einer Ausbildung erlernbar ist oder entsprechende Merkmale, persönliche Eigenschaften wie eine emphatische und authentische Haltung durch die Lebensbiografie erworben werden (vgl. Fiegert & Solzbacher, 2014, S. 39), herrscht im aktuellen Diskurs ähnliche Unklarheit wie bei dem Begriff Haltung selbst. Während Helmwart Hierdeis[18] die Ausprägung einer Lehrer*innenpersönlichkeit, im Sinne einer empathischen, authentischen Haltung gegenüber den Studierenden, eher aus der Lebensgeschichte (Altruismus, Empathiefähigkeit, Selbstbewusstsein, etc.) entwickelt, sieht Kurt Czerwenka[19] hier die Möglichkeit und Notwendigkeit innerhalb der Lehrer*innenausbildung die Lehrer*innenpersönlichkeit, also auch Haltung, in Form von Fremdvermittlung mitzudenken. Beide Autoren sind sich einig in der großen Bedeutung einer Lehrerpersönlichkeit mit entsprechenden Merkmalen und Eigenschaften für einen qualitativ hochwertigen Bildungsprozess. Lediglich im Weg, also der Selbstaneignung oder Fremdvermittlung, herrscht Uneinigkeit (vgl. Fiegert & Solzbacher, 2014, S. 39–40). Ein aktueller Vorschlag von Christina Schwer, Julius Kuhl und Claudia Solzbacher vermutet eine Möglichkeit als gangbaren Weg, die zwischen beiden Annahmen liegt (vgl. Fiegert & Solzbacher, 2014, S. 40). Ein Vorschlag, sofern er denn eine gezielte Fremdvermittlung (wenn auch nur anteilig) voraussetzt, ist unter den wissenschaftlichen Voraussetzungen der Neurobiologie des Gehirns nicht viabel, aufgrund der Unmöglichkeit jede Form von Inhalten determiniert in andere Gehirne zu vermitteln (vgl. Simon, 2006, S. 83). Auch wenn also in der Lehrer*innenausbildung die evolutionäre Haltung nicht vermittelt werden kann, so kann sie doch gezeigt und ihre

[18] Vergleiche hierzu H. Hierdeis: Lehrer. Persönlichkeit, Erziehungsfunktion. In: Frank, Nikolaus (Hrsg.): Erziehung fördert Bildung. [Festschrift anlässlich des 60. Geburtstages von Prof. Dr. Dr. Werner Wiater, Ordinarius für Schulpädagogik an der Universität Augsburg]. Donauwörth: Auer (2006) S. 97–115.

[19] Vergleiche hierzu K. Czerwenka. Lehrerprofessionalität zwischen Theorie und Praxis. Kritische Anmerkung zu Bildungsstandards. In: Beckmann, Udo (Hrsg.); Brandt, Hjalmar (Hrsg.); Wagner, Heinz (Hrsg.): Ein neues Bild vom Lehrerberuf? Pädagogische Professionalität nach PISA. Beiträge zur Reform der Lehrerbildung. Ludwig Eckinger zum 60. Geburtstag. Weinheim u. a.: Beltz (2004) S. 56–71.

Plausibilität zur Diskussion gestellt werden. Im Sinne der Koevolution wirkt das soziale System mit seinen Umwelten auf das psychische System, wie dieses System (Student*in oder angehende Lehrpersonen) darauf reagiert, bleibt jedoch von der inneren Struktur abhängig (vgl. Simon, 2006, S. 78–79). Mit der gleichen Begründung lässt sich auch die Antwort auf die Frage nach der Möglichkeit einer gezielten Fremdvermittelbarkeit dringend benötigter Kompetenzen wie Kreativität, Eigenverantwortung und Selbstorganisation geben. Dies ist unter Bedingungen festgelegter Personalstrukturen sowie inhaltlich und zeitlich determinierter Rahmenbedingungen, eines starren Curriculums, wie sie im Kontext von Regelschulen vorzufinden sind, nicht viabel, kann aber natürlich zufällig stattfinden. Hinzu kommt der Gedanke von Jacoto, dass eine Vermittlung immer nur einen möglichen und schon existierenden Lösungsweg bzw. Weg zur Erkenntnis darstellt, und zwar den der / des Vermittelnden (vgl.Ranciére, 1987, S.18). Eine vermittelte Kreativität ist keine wirkliche Kreativität im Sinne des Erschaffens von neuen Möglichkeiten, sondern lediglich eine Kopie. Dem Gedanken folgend beginnt Kreativität dort, wo Erklärung und Vermittlung enden. Rahmenbedingungen, die eigenverantwortliches Handeln[20] erfordern, wie es im Rahmen der evolutionären Schule Voraussetzung ist, lassen Menschen autonom agieren und kreative Leistungen erbringen (vgl. Herrmann, et al., 2007, S. 17). Eigenverantwortung und Autonomie ermöglichen es intrinsisch motiviert bekanntes Terrain zu verlassen, Regeln und Normen nicht als Grenzen zu verstehen, sondern als Ausgangspunkt, den dahinter liegenden Raum als einzige Möglichkeit wahrzunehmen Neues zu entdecken (vgl. Klasing, 2019, S. 41). Rahmenbedingungen, die eine radikal bedarfsorientierte und eigenverantwortliche Atmosphäre ermöglichen und durch eine evolutionäre Haltung geschützt werden, sind ein viables Konstrukt zur (Selbst)Ausbildung von kreativer Kompetenz. Wenn Studierende (und dazu gehören auch angehende Lehrpersonen) in einer Umwelt lernen, heranwachsen und geprägt werden, in der es ganz natürlich ist bereits bestehende Lösungen und Antworten lediglich als eine von vielen viablen Möglichkeiten zu betrachten, entsteht eine

---

[20] Vergleiche hierzu: Reinhard Sprenger, *Das Prinzip der Selbstverantwortung* (1997)

ebenso natürliche Selbstverständlichkeit noch unbekannte Wege zu nehmen bzw. zu entdecken, um Antworten oder Lösungen zu finden.

Der zu betreibende Aufwand, um die evolutionäre Schule in die Praxis zu überführen, ist aus diversen Blickwinkeln herausfordernd. Hier ist vor allem die Veränderungsresistenz von Lehramtsstudent*innen durch die Prägung des Schulsystems selbst zu nennen, also die Veränderungsimmunisierung, die das Schulsystem an sich, durch sich selbst vollzieht (Christina Schwer, 2014, S. 51). Für angehende Lehrer*innen gilt das Schulsystem von ihrer Geburt an in ihrem sozialen Umfeld (Umwelt) und der dort bereits stabilisierten Realitätsdefinition als objektiv richtig und nicht zu hinterfragen. Es ist mit einem hohen Aufwand an Energie verbunden (Hüther, 2016, S. 30–31) eine derartig tiefgreifende Realitätsveränderung im kognitiven System zu etablieren. Eine Anpassung der kognitiven Strukturen an ein neues kollektives Konstrukt (Schule) wird nur funktionieren, wenn es für das Gehirn zu einem verlockenden und energiesparenden Prozess wird (vgl. Hejl, 1992, S. 125). Die Vorstellung erscheint paradox und frustrierend, dass Lehrer*innen, die mit dem Gefühl von Kompetenz und Professionalität aus ihren (oft jahrelangen) Ausbildungen kommen und an ihren zukünftigen Wirkungsstätten mit der nächsten Fort- und Weiterbildung konfrontiert werden, welche im Grunde alles in Frage stellt, worauf ihr Gefühl von Kompetenz, Professionalität und Expertentum gründet, diese Veränderung ihrer Vorstellungen mitmachen werden. Die Kosten für eine intensive und längerfristige Fortbildung wären im Nachhinein beträchtlich und sind in den Budgets und Zuwendungen öffentlicher oder privater Schulen kaum in der Höhe vorgesehen. Wie sonst aber kann der Kreislauf von selbsterhaltender und selbstverstärkender Veränderungsimmunisierung durchbrochen werden? Insbesondere hier zeigt sich, dass für die Veränderung früher angesetzt werden muss. Wenn Menschen an einen Ort kommen, an dem ihre Umwelten ihr kognitives System so pertubieren, dass sie eine Akkommodation in Richtung evolutionäre Haltung aus energiesparenden und koevolutionären Aspekten vollziehen, können die Voraussetzungen für eine grundsätzliche Veränderung geschaffen werden. Dies muss aber bestenfalls schon mit dem Beginn der Schulzeit geschehen. Mit jeder weiteren Person, die am eigenen Leib erfährt, wie gut eine evolutionäre Schule funktioniert, und wie viel besser die dortigen

Studierenden ausgebildet sind, wird es für andere auch schwerer, die *alten* Vorstellungen aufrechtzuerhalten, weil es dadurch energieaufwändiger wird. So könnten sie im Laufe der Zeit überwunden werden.

Momentan sprechen jedoch auch äußere Faktoren und Einflüsse dagegen und sind gesetzlich bindend. Insbesondere für Organisationen, die innerhalb der Schulpflicht agieren und als Bildungseinrichtung den Status einer genehmigten Ersatzschule erlangen wollen. Zu diesen Faktoren zählen (für das Land Berlin) u.a. die Schulpflicht nach §§ 41 bis 45 SchulG Berlin, oder den zu erfüllenden Voraussetzungen nach Maßgabe des §98 Abs. 3 Satz 1–6 SchulG Berlin (vgl. Senatsverwaltung für Bildung, 2022). Nur mit Erfüllung dieser Voraussetzungen sind öffentliche Mittel und Ausgleichszahlungen möglich. Hier ist besonders der §98 Abs. 3 Satz 1 SchulG zu betrachten, da dieser beinhaltet, dass eine Schule in freier Trägerschaft in ihren *Lehrzielen* nicht hinter öffentlichen Schulen zurückstehen darf (vgl. Senatsverwaltung für Bildung, 2022). Allein der Begriff *Lehrziele* impliziert eine Fremdvermittlung und trotz der massiven Uneinigkeit der Fachwelt, ob dies ein adäquater Ansatz sein kann, ist er weiterhin im Gesetzestext als verbindlich festgehalten. Dass ein solches Korsett die Umsetzung eines autonomiebasierten Lernansatzes in eine staatlich genehmigte freie Schule torpediert, kann vermutet werden. Inzwischen gibt es aber einige Schulen in Berlin, deren Leitbild in weiten Teilen mit dem in dieser Arbeit formulierten Vorschlag übereinstimmen. Zu nennen sind hier zum einen die Freie Schule Schöneberg (Freie Schule Schöneberg, 2022) und und die Freie Schule Kreuzberg (Freie Schule Kreuzberg, 2022). Ob und inwieweit es diesen Schulen gelingt, ihr Leitbild konsequent in eine Handlungspraxis zu überführen, wird die Zukunft zeigen.

8 Zusammenfassung und Schlussbetrachtung

Die Untersuchung der Postulate des radikalen Konstruktivismus und der Systemtheorie in Bezug auf den menschlichen Entwicklungsprozess haben ergeben, dass Wirklichkeitskonstruktionen (also auch Lernprozesse) von den inneren Strukturen bzw. Wahrnehmungsfiltern im kognitiven System abhängig sind, welche sich im Laufe der menschlichen Entwicklung individuell herausbilden. Besonders für die Kommunikation ist dies von entscheidender Bedeutung, da aufgrund der Strukturdeterminiertheit des kognitiven Systems der Austausch von Informationen zwischen Individuen (als psychische Systeme) nicht dem Gesetz einer linearen Kausalität unterliegt. Eine gezielte, universelle Form der Vermittlung von Informationen mit vorbestimmter Wirkung, wie es im etablierten Bildungssystem praktiziert wird, ist unter Berücksichtigung einer zirkulären Kommunikation nahezu ausgeschlossen. Dass Studierende in großen Klassenverbänden, welche von direktiven und fremdvermittelnden Lernsettings dominiert werden, trotzdem Lernerfolge vorweisen, ist plausibel auf die strukturelle Kopplung von psychischen Systemen mit ihren Umwelten zu begründen. Der Vorgang, sich entgegen den eigenen Werten der *Objektivität* des sozialen System (Klassenverband, Schule, etc.) anzupassen, ist für viele immer noch sehr viabel und wird auch durch ein Kohärenzgefühl bestätigt. Ein*e Student*in, der / die sich in solchen Kontexten herausnimmt Sonderwünsche und eigene Bedarfe zu äußern bzw. einzufordern, läuft Gefahr durch Sanktionierung und Ächtung sozial isoliert zu werden. Unter diesen Umständen wäre ein deutlich höherer Energieaufwand notwendig, seinen eigenen Zielen und Bedarfen zu folgen und für den Lernerfolg die intrinsische Motivation zu nutzen. Es ist für das kognitive System also die wesentlich energieschonendere Variante, sich mithilfe der Akkommodationsprozesse entlang der *Objektivität* des ihn / sie berührenden sozialen Systems zu orientieren, als den eigenen Werten zu folgen. In solchen Lernsettings wird die intrinsische Motivation übergangen, auch wenn nicht ausgeschlossen werden kann das einzelne Individuen in ihren Werten dabei (dann eher zufällig) berührt werden und intrinsische Motivation entwickeln und so erfolgreich mit intakter Neugier durch ihre Schulzeit kommen. Der überwiegende Teil der Lernenden wird sich anpassen, um Energie zu sparen, und die vorgegebenen Inhalte vor allem lernen, um sich anzupassen und die sozialen Normen zu erfüllen. Daraus erwächst kein nachhaltiges Wissen, denn das setzt eine Kopplung der individuellen Werte an die Lernziele voraus. Wissen wird nur dann nachhaltig im kognitiven System verbaut, wenn es für das eigene Leben sinnvoll erscheint. Lerninhalte in der Schule werden größtenteils für die Schule gelernt.

Es ist auch deutlich geworden, dass festgelegte Rahmenbedingungen, Strukturen und vorgegebene Inhalte eine Ausbildung von kreativen Kompetenzen verhindert. Hierfür wäre ein Ansatz notwendig, der radikal bei der Autonomie der Studierenden ansetzt, denn aus Autonomie folgt Selbstverantwortung und daraus erwächst die Kompetenz sich ganz natürlich außerhalb bestehender Normen, Vorgaben und Vorstellungen zu bewegen und so kreative Leistungen erbringen können. Somit sind zum einen die Rahmenbedingungen an Regelschulen mit ihren festgelegten Strukturen und einem unflexiblen Curriculum als problematisch zu betrachten. Zum anderen konnte festgestellt werden, dass das soziale System Schule sich durch eine koevolutionäre Prägung der Studierenden und potenziellen zukünftigen Begleiter*innen (als psychisches System) im Entwicklungsprozess, quasi selbst gegen Veränderungsprozesse immunisiert. Es hat sich in der Untersuchung aber gezeigt, dass die Haltung von Begleiter*innen von entscheidender Bedeutung ist, wenn es um die Ausgestaltung und Etablierung der Rahmenbedingungen geht, welche einen autonomen Lernansatz ermöglichen sollen.

Die evolutionäre Schule als Gegenentwurf zur Praxis etablierter Lehrpädagogik setzt radikal an den Bedarfen und Stärken der Lernenden an und proklamiert einen autonomiebasierten Lernansatz. Hierfür wird der Fokus auf ein für die Handlungspraxis verbindliches Leitbild gelegt. Bei der Formulierung und Begründung des Leitbildes liegt die Orientierung neben den wissenschaftlichen und theoretischen Erkenntnissen aus den Bereichen der Psychologie, Epistemologie, Neurowissenschaft sowie Hirn- und Kognitionsforschung zusätzlich auf bereits erfolgreich in die Praxis überführten Modellen wie u.a. des universellen Unterrichts von Joseph Jacotot oder der Pesta Schule von Rebeca Wild.

Kurz: Auf Grundlage der aktuellen Erkenntnisse der geistes- und naturwissenschaftlichen Forschung werden die Grundsätze formuliert, aus denen ein Leitbild konstruiert wird, welches den Handlungsrahmen einer Handlungspraxis und damit auch die Beschaffenheit einer evolutionären Haltung definiert und vorgibt. Eine qualitätssichernde Reflexionskultur, in Form von Labs / Meetings und Feedback-Tools zur Überprüfung der Aktualität bzw. Viabilität des Leitbildes in Bezug auf die Organisationsziele, aber vor allem zur Sicherstellung einer fortlaufenden Konvergenz von Leitbild und Handlungspraxis und der koevolutiven Vorstellung der Beteiligten, muss fest in die Organisationsstruktur integriert sein.

Mit einem nüchternen Blick auf die Situation im öffentlichen Bildungssystem erscheint der in dieser Arbeit formulierte und diskutierte Vorschlag als Utopie. Ein kognitives System mag sich wohl zurecht in den Energiesparmodus begeben, wenn es den Aufwand der Umbaumaßnahmen kalkuliert, der nötig wäre, um einen solchen Vorschlag als reale Option zu akkommodieren. Da erscheint die Assimilation in die Kategorie *unmögliche Vorstellungen von Schule* womöglich wesentlich energieschonender. Dieser Eindruck entsteht jedoch nur Aufgrund der eigenen inneren Strukturen. Es stellt sich die Frage, wie lange sich eine Gesellschaft einen derart schwerfälligen und langsamen Paradigmenwechsel im Bildungssystem noch leisten kann? Das Tempo der Weiterentwicklung des Bildungssystems steht in keinem Verhältnis zu der Geschwindigkeit, mit der disruptive Technologien den Markt, das menschliche Verhalten, die Berufslandschaft und damit die Anforderungen an die nächsten Generationen fundamental verändern. So sehr, dass Studierende nach ihrer *Ausbildung* mit einer (Arbeits-)Welt und Realität konfrontiert werden, auf die sie ihre *Ausbildung* nicht vorbereiten konnte, oder anders formuliert: Auf die sie sich selbst kaum vorbereiten konnten, weil sie ihre Zeit in einer Schule zu verbringen gezwungen waren, die sie mit einer überholten Vermittlungspädagogik davon abgehalten haben, das zu lernen, was sie wirklich interessiert. Die Herausforderung liegt wohl darin anzuerkennen, dass je größer die Diskrepanz zwischen der Realität des Bildungssystems und den Anforderungen des 21. Jahrhunderts wird, desto radikaler, gravierender und unmöglicher müssen wohl die Einschnitte und Veränderungsmaßnahmen erscheinen, welche notwendig sind, um eine adäquate Angleichung vorzunehmen.

An dieser Stelle schließt sich ein Desiderat an mit dem Wunsch der Erforschung einer konsequenten Überführung des oben beschriebenen Vorschlags einer evolutionären Schule aus der Theorie in ein Praxismodell. Viabel wäre der Aufbau einer evolutionären Schule im Rahmen einer Feldforschung, da im Kontext eines Forschungsprojekts nicht nur von Rechtswegen die Möglichkeit gegeben wäre, außerhalb der sonst geltenden Bestimmungen zu agieren, sondern auch die potenziellen Beteiligten auf *ungewöhnliche* Umstände *vorbereitet* wären. Insbesondere die Frage nach der nachhaltigen Etablierung einer evolutionären Haltung in einer Organisation und wie sich dies auf die Entwicklung von Begleiter*innen und Studierende langfristig auswirkt, erscheint von Bedeutung. Genau wie eine feldübergreifende Forschung in Bezug auf die ACT und wie sich die in der Theorie konvergierenden Kernelemente (Achtsamkeit, Wertschätzung, wertebasierte Handlungsziele, etc.) tatsächlich in der Praxis, mit Blick auf die Ausbildung von *psychologischer Flexibilität*, bestätigen lassen. Daraus ergibt sich konsequenterweise auch umgekehrt die Frage, ob und inwiefern sich das etablierte Bildungssystem mit seinen Rahmenbedingungen auf die psychologische Gesundheit der Studierenden auswirkt.

Literatur

Arnold, R. et al., 2003. *Selbstgesteurtes Lernen.* Bielefeld: W. Bertelsmann Verlag GmbH&Co. KG.

Aulet, B., 2019. *Vorwort: Der 2-Stunden Chef.* Frankfurt am Main: Campus Verlag GmbH.

Averhoff, C., 2012. *Pädagogisches Handeln professionalisieren.* Hamburg: s.n.

Berger, H., 1993. Konstruktivistische Perspektiven in der Sozialpsychologie. In: H. Keupp, Hrsg. *Zugänge zum Subjekt.* Frankfurt am Main: Suhrkamp Verlag, pp. 186-225.

Berlin, 2004. *gesetze.berlin.de.* [Online] Available at: https://gesetze.berlin.de/bsbe/document/jlr-SchulGBEpG28 [Zugriff am 12 01 2022].

BGB, 2021. *Gestze-im-Internet.de.* [Online] Available at: https://www.gesetze-im-internet.de/bgb/__611.html [Zugriff am 09 07 2021].

Bilden, H., 1993. Feministische Perspektiven in der Sozialpsychologie am Beispiel der Bulimie. In: H. Keupp, Hrsg. *Zugänge zum Subjekt.* Frankfurt am Main: Suhrkamp Verlag, pp. 147–185.

Bundesamt für Justiz , 2022. *gesetze-im-internet.* [Online] Available at: http://www.gesetze-im-internet.de/tzbfg/__14.html [Zugriff am 02 01 2022].

Bundesministerium für Familie, S. F. u. J. -. 1. K.-. u. J., 2017. *bmfsfj.de.* [Online] Available at: https://www.bmfsfj.de/blob/115438/d7ed644e1b7fac4f9266191459903c62/15-kinder-und-jugendbericht-bundestagsdrucksache-data.pdf [Zugriff am 31 07 2020].

Christina Schwer, C. S. B. B., 2014. Annährungen an das Konzept "Professionelle pädagogische Haltung": Ausgewählte theoretische und empirische Zugänge. In: C. Schwer & C. Solzbacher, Hrsg. *Professionelle pädagogische Haltung.* Bad Heilbrunn: Julius Klinkhardt, pp. 47–77.

College, S., 2019. *www.streetcollege.de.* [Online] Available at: https://streetcollege.de/bildungsansatz/#radikal [Zugriff am 15 November 2021].

Conciso GmbH, 2016. *conciso.de.* [Online] Available at: https://conciso.de/blog/2016/05/17/scrum-urspruenge-und-ein-kurzer-ueberblick/#iLightbox%5B32f66a47e952a0a0005%5D/0 [Zugriff am 06 07 2021].

Csikszentmihalyi, M., 1990. *Flow – Das Geheimnis des Glücks.* 6. Auflage Hrsg. Stuttgart: Klett-Cotta.

Drähter, R., Koschek, H. & Sahlin, C., 2019. *Scrum – kurz und gut.* 2. Auflage Hrsg. Heidelberg: dpunkt.verlag GmbH.

Duwe, J., 2020. *Beidhändige Führung.* Berlin: Springer Gabler.

Ebert, J., 2011. *hawk.de.* [Online] Available at: https://www.hawk.de/sites/default/files/2018-10/professionelles_selbstverstaendnis.pdf [Zugriff am 31 07 2020].

Fiegert, M. & Solzbacher, C., 2014. "Bescheidenheit und Festigkeit des Charakters..." Das Konstrukt Lehrerhaltung aus historisch-systematischer Perspektive. In: C. Schwer & C. Solzbacher, Hrsg. *Professionelle pädagogische Haltung.* Bad Heilbrunn: Julius Klinkhardt, pp. 17–46.

Foerster, H. v., 1992. Entdecken oder Erfinden, wie lässt sich Verstehen verstehen?. In: H. Gumin & H. Meier, Hrsg. *Einführung in den Konstruktivismus.* München: Piper Verlag, pp. 41–88.

Frauenhofer-Gesellschaft, 2014 München. *www.frauenhofer.de/fuehrung.* [Online] Available at: https://www.fraunhofer.de/content/dam/zv/de/ueber-fraunhofer/Personalpolitik/fuehrung-bei-fraunhofer.pdf [Zugriff am 05 07 2021].

Freie Schule Kreuzberg, 2022. *www.freischulekreuzberg.de.* [Online] Available at: https://freieschulekreuzberg.de/ueber-uns/ [Zugriff am 14 01 2022].

Freie Schule Schöneberg, 2022. *www.freie-schule-schoeneberg.de.* [Online] Available at: http://www.freie-schule-schoeneberg.de/konzept.html [Zugriff am 14 01 2022].

Freire, P., 2006. In: *Miteinander Denken – Das Geheimnis des Dialogs.* Stuttgart: Klett-Cotta .

Fried, L., 2012. *Programme, Konzepte und subjektive Handlungsorientierung.* s. l.:Weinheim und Basel.

Gangway e. V., 2014. *Gangway.de.* [Online] Available at: https://gangway.de/projekt/street-college/ [Zugriff am 09 07 2021].

Gesetzbuch, B., 2021. *http://www.gesetze-im-internet.de/bgb/.* [Online] Available at: http://www.gesetze-im-internet.de/bgb/ [Zugriff am 01 2021].

Glasersfeld, E. v., 1992. Konstruktion von Wirklichkeit und des Begriffs der Objektivität. In: H. Gumin & H. Meier, Hrsg. *Einführung in den Konstruktivismus.* München: Piper Verlag (2015, 15. Auflage), pp. 9–40.

Hüther, G., 2016. *Mit Freude lernen eine Leben lang.* 1. Auflage Hrsg. Göttingen: Vandenhoeck & Ruprecht GmbH & Co. KG.

Haken, H. & Haken-Krell, M., 1997. *Gehirn und Verhalten.* Stuttgart: Deutsche Verlags-Anstalt.

Hansch, D., 2008. *Persönlichkeit führt – Grundlagen der Psychsynergetik.* Offenbach: GABAL.

Harris, R., 2009. *Wer dem Glück hinterherrennt, läuft daran vorbei.* 11. Auflage Hrsg. Wilhelm Goldmann Verlag: München.

Hejl, P. M., 1992. Konstruktion der sozialen Konstruktion; Grundlagen einer konstruktivistischen Sozialtheorie. In: *Einführung in den Konstruktivismus.* München: Piper Verlag GmbH, pp. 167–180.

Herrmann, S., Huhn, G., Lazzeri, G. & Backerra, H., 2007. *Selbsbestimmt Arbeiten.* München: Carl Hanser Verlag München.

Hildebrandt, C., 2020. *billing-ev.de.* [Online] Available at: https://biling-ev.de/rechtsstreit-mit-jugendamt-weil-es-keine-gebaerdensprachkurse-fuer-die-eltern-genehmigt/ [Zugriff am 01 2021].

Hinte, W., 1980. *Non-direktive Pädagogik – Eine Einführung in die Grundlagen und Praxis des selbstbestimmten Lernens.* Opladen: Westdeutscher Verlag GmbH.

Hinte, W., 2018. *Univ.Prof. Dr. Hinte spricht über Sozialraumorientierung* [Interview] (02 10 2018).

Hinte, W. & Helga Treeß, 2014. *Sozialraumorientierung in der Jugendhilfe.* Weinheim und Basel: Beltz Juventa.

IV, S., 2022. *https://www.gesetze-im-internet.de.* [Online] Available at: https://www.gesetze-im-internet.de/sgb_4/__7.html [Zugriff am 01 01 2022].

Juraforum, kein Datum *Juraforum.de.* [Online] Available at: https://www.juraforum.de/lexikon/hilfeplan [Zugriff am 01 2021].

Kegler, U. & Heinemann, K. H., 2011. *deutschlandfunk.de.* [Online] Available at: https://www.deutschlandfunk.de/fachwissen-allein-reicht-nicht.724.de.html?dram:article_id=100151 [Zugriff am 31 07 2020].

KEYLENS, 2015. *www.keylens.com.* [Online] Available at: https://keylens.com/sie-nehmen-9999-der-umwelt-nicht-wahr/ [Zugriff am 7.12.2021].

KJHG, 2020. *SBG VIII.* Merseburg: Create Space.

Klasing, I., 2019. *Der 2-Stunden Chef - Mehr Zeit und Erfolg mit dem Autonomie-Prinzip.* Frankfurt am Main: Campus Verlag GmbH.

Laloux, F., 2017. *Reinventing Organisations.* München: Verlag Franz Vahlen GmbH.

Land Berlin, 2022. *Berlin.de.* [Online] Available at: https://www.berlin.de/vhs/volkshochschulen/spandau/kurse/grundbildung-schulabschluesse/zweiter-bildungsweg-515285.php [Zugriff am 03.02.2022].

Maslow, A. H., 1981. In: *Motivation und Persönlichkeit.* Hamburg: Rowohlt.

Moodle, 2022. *https://moodle.de/.* [Online] Available at: https://moodle.de/ [Zugriff am 2022 12 01].

Prange, K., 2009. *Schlüsselwerke der Pädagogik.* Stuttgart: w. Kohlhammer GmbH.

Precht, R. D., 2015. *Anna, die Schule und der liebe Gott.* 1 Hrsg. München: Random House GbH.

Ranciére, J., 1987. *Der unwissende Lehrmeister.* 3. Auflage Hrsg. Wien: Passagen Verlag Ges. m. b. H..

Renner, G., 2019. Einander Verstehen – Gelingende Kommunikation als Basis partizipativer Arbeit. In: J. R. Gaby Straßburger, Hrsg. *Partizipation Kompakt.* Weinheim Basel: Beltz Juventa, pp. 78–82.

Ribbeck, P. D. J., 2020. *Focus Sozianmanagement.* [Online] Available at: http://www.fokus-sozialmanagement.de/qualitaetsmanagement-soziale-arbeit/ [Zugriff am 08 2020].

Ricardo Semler: Radikale Weisheiten für eine Firma, eine Schule, ein Leben. 2015. [Film] Regie: TED. s.l.: TED.

Rieger, J. & Gaby Straßburger, 2019. *Partizipation kompakt.* Weinheim: Beltz Juventa (in der Verlagsgruppe Beltz).

Roth, G., 1997. *Das Gehirn und seine Wirklichkeit.* 11. Auflage Hrsg. Frankfurt am Main: Suhrkamp Verlag.

Säcker, D. D. D. h. F. J. & Rixecker, D. R., 2021. *https://beck-online.beck.de/.* [Online] Available at: https://beck-online.beck.de/

Senatskanzlei, kein Datum *Berlin.de.* [Online] Available at: https://service.berlin.de/dienstleistung/328104/ [Zugriff am 01 2021].

Senatsverwaltung für Bildung, J. u. F., 2022. *www.berlin.de.* [Online] Available at: https://www.berlin.de/sen/bildung/schule/rechtsvorschriften [Zugriff am 14 01 2022].

SimbirSoft, 2020. *medium.com.* [Online] Available at: https://medium.com/simbirsoft/self-management-in-teal-creating-an-independent-team-bc8fba0398e6 [Zugriff am 08 07 2021].

Simon, F. B., 2006. *Einführung in Systemtheorie und Konstruktivismus.* 8. Auflage (2017) Hrsg. Heidelberg: Carl-Auer-Systeme Verlag.

Straßburger, G. & Judith Rieger, 2014. *partizipationspyramide.de.* [Online] Available at: http://www.partizipationspyramide.de/ [Zugriff am 31 07 2020].

Street College, 2018. *streetcollege.de.* [Online] Available at: https://streetcollege.de/bildungsansatz/#leitbild [Zugriff am 08 07 2021].

Sven, 2019. *agile-master.de.* [Online] Available at: https://www.agile-master.de/projekt-definition/ [Zugriff am 09 07 2021].

Terkessidis, M., 2015. *Kollaboration.* Berlin: Suhrkamp Verlag.

The Gallup Organization, 2014. *ENTDECKEN SIE JETZT IHRE STÄRKEN.* Limitierte Sonderausgabe 2014 Hrsg. Frankfurt am Main: Campus Verlag GmbH.

Wagner, R., 2012. *Uni-Angst und Uni-Bluff heute.* 3. Auflage der Neuausgabe Hrsg. Berlin: Rotbuch Verlag.

Wild, R., 2001. *Lebensqualität für Kinder und andere Menschen.* Weinheim und Basel: Beltz.

Zeuch, A., 2017. *unternehmensdemokraten.de*. [Online] Available at: https://unternehmensdemokraten.de/2017/02/09/6630-2/ [Zugriff am 05 07 2021].